JAJP
JAJP The Japan Association of Jungian Psychology

ユング心理学研究　第7巻　第1号

ユング派の精神療法

日本ユング心理学会
編

創元社

はじめに

　『ユング心理学研究』も、ここにはや第7巻を数えることになった。2012年に設立された日本ユング心理学会の機関誌としては3冊目である。今回少し発刊のペースが上がったのは、学会設立もあり、投稿論文数が増加したことによる。多くの方がユング心理学に興味をもち、ユング心理学をベースとした心理臨床の研鑽を重ねていただいていることはこころ強いことであり、そこから多くの新しい知見が生まれていくことが期待される。
　本号はまず2013年3月に日本ユング心理学研究所主催の研修会でなされた武野俊弥氏の講演「私のユング派の精神療法」の記録を掲載している。精神科医にしてユング派分析家であり、何よりも優れた臨床家として素晴らしい働きをされてきた武野氏が、「ユング派とは何か」ということから説き起こし、長い実績をもとに自らの考える精神療法の本質について鋭く論を展開している。そこに「私の」という限定を付けているように、それは他の追随を許さない個性的なものでありつつも、心理臨床に携わる者がわが身を振り返り、または耳を傾けるべき多くの重要な事柄が含まれている。また武野氏にみる脳科学への関心は、時代の変化や科学的進歩にも臨床家は常に敏感であるべきで、それらをも統合するような新しい心理学を構築していく必要性を示唆しており刺激的である。
　2013年6月には日本ユング心理学会の第2回大会が開催されたが、そのプレコングレスとして哲学者の鷲田清一氏をお招きしてのシンポジウムが行われた。「身殻と身柄」というテーマでの鷲田氏の基調講演については、その精髄を改めてまとめていただいたものをここに掲載し、指定討論者であった伊藤良子ならびに河合俊雄両氏の当日の談話ならびに3者の討論の部分については、当日の記録そのままを採録している。鷲田氏からなされたのは、われわれの身体は所有されているものなのか、固有のものなのか

という、哲学者らしい問題提起であった。それはわたしとは何か、こころとは何かということとつながる問いである。たましいという言葉も浮かぶかもしれない。それに対して、心理療法家の伊藤良子と河合俊雄、それぞれラカン派とユング派であるお二人がどのように受けて立ったのかを見ていただきたい。他領域の方からの問いかけは、心理療法の世界にいるといつの間にか当たり前のように思ってしまっていることを、改めて考えさせるものであり、貴重な機会をいただいたと思う。

　研究論文としては、本号においては、バラエティに富んだ5編を採用している。篠原道夫の「手談、爛柯、箱庭療法──思春期型不登校と遊ぶ」は、面接では沈黙しがちな中学生男子がセラピストとひたすら将棋をすることで変容していった過程を取り上げながら、そこで何が起こっていたのかを「手談」というキーワードをもとに明らかにしている。そうした中で最後のほうにクライエントが2回にわたって作った唯一というべき箱庭は感動的である。

　北川明の「心理療法の終結とは──クライエントにもたらされる意識の地平」は、著者が関わった、いったん終結したもののすぐに再来して今度は本当に終結をみた40代の男性の事例をもとに、心理療法の終結とはどういうときであるかを、特に河合隼雄の考える終結像を引きながら考察している。

　次に、渡辺あさよによる「高機能自閉症を疑われる中学生男子とのプレイセラピー過程──『素顔の模索』」では、面接場面においても実際に感じていることとはほど遠い型通りの表面的な話に終始している中学生男子に、強制的にスクイグルをさせることで、少年が素の自分を取り戻していく過程が紹介されており、発達障害の事例を扱う心理療法のひとつのあり方として大変に興味深い。

　吉川眞理の「夏目漱石の『夢十夜』に映し出された明治の『集合的心』の考察」は、漱石による『夢十夜』という作品が、漱石にとっては、ユングの『赤の書』的なアクティブ・イマジネーションに近いものではないかという発想から、その内容に漱石が生きた時代の集合的なこころを見ようとした、これもまた意欲的な論文である。

最後に、坂田真穂の「性被害を契機にした身体と女性性における解離の解消過程――"見る"ことと"見られる"ことという視点から」は、性のバリアが低くなってしまっている現代の若い女性の本当の傷つきがどこにあるのかということを考えさせる事例である。

　以上、これら5本の論文はどれも力のこもった読み応えのある内容である。今後ますます優れた研究論文が本誌に寄せられることを期待したい。

　海外文献紹介のページでは、1996年に『トラウマの内なる世界』を著し多くの支持を得てきたドナルド・カルシェッドが、満を持してその続編として最近出版した、"*Trauma and the Soul*（トラウマと魂)"を佐藤由里子が紹介している。前著でのトラウマについての独自の理論をさらに進化、発展させつつ、何よりもトラウマを扱う際のスピリチュアリティの重要性について述べており、より深く人間のこころに迫っていこうとする内容となっている。

　言うまでもなく本誌は多くの方々の協力によって生まれている。執筆者のみでなく、投稿論文の査読に多くの時間を割いていただいた先生方にもお礼を申し上げたい。次号からは、学会の役員改選に伴い、新たな編集委員を加えて編集作業に臨む。より充実した誌面になるよう引き続き努力していきたい。

　また、出版に際してご配慮いただいている創元社の渡辺明美氏、細かい編集作業をすべてやっていただいている創元社の柏原隆宏ならびに小林晃子の両氏にもこころからお礼を申し上げる。

編集委員長　豊田園子

目　次

はじめに　003

講演録

私のユング派の精神療法　　　武野俊弥　013

「私」の考える「ユング派」の本質——「私」にとっての「ユング派」とは？
真のユング派とは何か／資格を持ったユング派とは何か／資格の功罪／二つの「-ian」／ユング派の attitude

「私」の考える「精神療法」の本質——「私」にとっての「精神療法」とは？
理論と直観／人間学的立場とは何か／脳科学が明らかにする無意識／意識と意味／独自の教会を建てる

シンポジウム

基調講演（要旨）「身殻と身柄」　　　鷲田清一　033

身体と所有権をめぐって
所有権の両義性／わたし「の」身体

所有不可能なものとしての身体
「自己所有」の再検証／所有関係の反転／存在と所有の境界へ

討論——基調講演を受けて　　指定討論者　伊藤良子・河合俊雄　043

見える身体と見えない身体
見える身体と自閉症の心理療法／ある4歳児の事例／見えない身体と神経症

「見ること」の意味
顔貌を見る／横にいる関係と対面的関係／プロパティとポゼッショ

　　　　　ン／贈与としての心理療法／共同注視
　　　所有の病理を超えて
　　　　　妄想を解除する／最後に残されたリアルな感覚／身体の行方

論　文

研究論文

　　　手談、爛柯、箱庭療法——思春期型不登校と遊ぶ　　　篠原道夫　065
　　　心理療法の終結とは——クライエントにもたらされる意識の地平
　　　　　　　　　　　　　　　　　　　　　　　　　　　　北川　明　089
　　　高機能自閉症を疑われる中学生男子とのプレイセラピー過程
　　　　——「素顔の模索」　　　　　　　　　　　　渡辺あさよ　111
　　　夏目漱石の『夢十夜』に映し出された明治の「集合的心」の考察
　　　　　　　　　　　　　　　　　　　　　　　　　　吉川眞理　133
　　　性被害を契機にした身体と女性性における解離の解消過程
　　　　——"見る"ことと"見られる"ことという視点から　坂田真穂　153

文献案内

　　　海外文献　　　　　　　　　　　　　　　　　　　佐藤由里子　173

『ユング心理学研究』投稿規定（2012年9月改定）

ユング心理学研究　第7巻　第1号
ユング派の精神療法

装丁　濱崎実幸

講演録

本稿は、2013年3月3日に連合会館（東京都千代田区）で行われた2012年度第2回日本ユング心理学研究所研修会の全体講演をまとめたものである。

私のユング派の精神療法

武野 俊弥
武野クリニック

「私」の考える「ユング派」の本質――「私」にとっての「ユング派」とは？

真のユング派とは何か

　今日これから皆さんにお話しすることは、あくまでこの「私」、すなわち武野俊弥という一個人が考えるユング派のイメージであり、精神療法のイメージです。今日ここにお集まりの200余名の皆さん方にとって、私の話が、ご自身のユング派のイメージや精神療法のイメージを紡ぎ出す「よすが」となれば幸いだと思っています。

　私はJungian Psychotherapistすなわちユング派の精神療法家ではありますが、Analytical Psychologist（分析心理学者）ではありません。Analytical Psychology（分析心理学）は、カール・グスタフ・ユング（Carl Gustav Jung）という一個人にとってのみ唯一の普遍的妥当性を持つものであり、ユング自身が述べているように、それはユングにとっての生きた個人神話であり、Weltanschauungすなわち世界観なのです。ユングとは異なる個性を持った私たちは、各人めいめいが自分自身の個性に沿った生きた個人神話なり世界観を見出さねばなりません。

　私は、ユングのことを好きかと聞かれれば正直とまどいます。ユングのことは好きでもあり、嫌いでもある、別な言い方をすれば、好きなところも嫌いなところもある、というのが正直な私の気持ちです。スイスでも日

本でもユングのことをグルないしは老賢人とあがめ、神格化する人がかなりいますが、私はユングを神格化する気にはなれませんし、ユング自身もそれを望んではいないと思います。ユングに対しての私の態度はambivalent（両価的）であり、いやそれ以上に ambiguous（多義的）であると言えるでしょう。すなわちユング自身が多義的かつ多面的であり、またそれこそが、つまりメルクリウス的であることこそがユング派の特徴であると言えるのではないかと思います。

　2011年11月公開の"A Dangerous Method"、日本では『危険なメソッド』として2012年10月に公開されたユングとジークムント・フロイト（Sigmund Freud）とザビーナ・シュピールライン（Sabina Spielrein）の関係を描いたこの映画は、人間ユングの多面性、その良いところも悪いところも、魅力的なところも嫌らしいところも、余すところなく描き出しています。しかし、ユングの悪いところを暴いたということで監督のデヴィッド・クローネンバーグ（David Cronenberg）を感情的に批判するユング派の分析家がけっこう多いことに私は驚き、かつ悲しく思っています。私たちは、ユングを神格化することなく、むしろユングは自らの人生を通して、人間性の良い面も悪い面もすべてさらけ出してくれた、と理解したほうがよいのではないでしょうか。すなわちユング自身が、神のみに許された perfect の道ではなくて、良いところも悪いところもすべて含んだものとしての whole の道を歩むことの素晴らしい前例を示してくれたのだ、ととらえ、大いに感謝すべきではないでしょうか。ユングの嫌らしい一面はむしろこの映画よりも、『フロイト・ユング往復書簡集』のほうによく表われていると思います。そこにはユングの俗っぽさ・下劣さが随所に垣間見られ、私の美意識に抵触し、不快感すら覚えますが、しかしそういう美意識を抱いた瞬間、すなわち美しくないとか醜いとか思った瞬間に、私自身の中にある種の「一面性」が布置されてしまうことを、しっかりと自覚しておくことが臨床家として大切だと思います。

　何はともあれこの映画 "A Dangerous Method" は、人間ユングの美も醜も、善も悪も含んだ全体性を示してくれていて、少なくとも私にとっては実に興味深いものでした。

この映画が示してくれているようにユングは偉大な人ではありましたが、決して perfect な存在ではありません。したがって、ユングがこう言っているからとか、ユングがこう書いているからといって、それをそのまま何の疑念もなく盲信するのは大変危険なことだと思います。ユング自身、そうなることを望んではおらず、そのためにユング研究所の設立に反対し続けたのです。すなわちユングの言ったことや書いたことがドグマになってしまうことの危険性を、当のユング自身が誰よりも気づいていたわけです。その点に関しては、ユングを私はとても評価しています。あまたの精神療法学派の創設者の中で、今述べた危険性を警告している人は、私の知るかぎりユング以外に誰一人としていません。

　したがって、ユングはもちろんのこと、ユング以外の名だたるユング派分析家たちの言ったこと・書いたことを決してそのまま盲信することなく、自分自身の体験に照らし合わせたうえで批判的に判断し、真に納得できるところだけを受け入れることを、ぜひ皆さんはしてください。このように、自分自身の頭で考え、自分自身の心で感じたことを一番大事にすることのできる人、相手がたとえどんな権威者であろうと、自分の頭で考え、自分の心で感じたことと矛盾していれば、堂々と相対峙し、反論ないし議論のできる人のことを、私は「ユング派」と定義しています。すなわち、以下に述べるようなユングの根本態度にならい、それを実践している人こそが私の考える真の「ユング派」ということになります。

① 自分自身の Weltanschauung（世界観）、自分自身の生きた神話・宗教・哲学を持っている人。
② ソクラテス的弁証法、すなわちソクラテスの産婆術を現代に即した、より洗練された形で用いられる人。

　したがって、ユングやユング心理学を信奉している人のことを「ユング派」と言うのでは決してありません。

資格を持ったユング派とは何か

　では認定された、つまり資格を持っているユング派の分析家とは、どんな人のことを言うのでしょうか。それはユング派の中でも、ユングの言ったこと・書いたことを正しく理解している、換言すれば、ユングの理論や技法の正誤、すなわちその妥当性と過ちも含めて正しく理解している人のことを言います。これらは、いやしくもユング派の資格を目指すトレーニング・プログラムに入っている人なら、絶対に身につけるべき常識だと思います。ここ数年 AJAJ（日本ユング派分析家協会）のトレーニング・プログラムに登録している候補生の試験をしていて痛切に感じるのは、あまりに我流の、すなわち誤ったユングの理論および技法の理解をしている人がとても多いことです。認定されたユング派の分析家ではなくて、ユング派の精神療法家になるだけならそれでもよいと思いますが、正式のユング派分析家になるということは、ユングの理論や技法を次の世代に正しく伝える責務が生じるのだということを忘れないでください。少なくともユング全集くらいは全部きちんと読んで、正しい知識を得てほしいと思います。ただしそうするのは、ユングの理論や技法が正しいからということでは決してないことに注意してください。

　そんな面倒くさいことをしたくない人は、トレーニング・プログラムには入らず、先に述べた意味でのユング派の精神療法家の道をご自分のペースで歩まれればよいかと思います。実際、ユング派の精神療法家ではあるものの、臨床力は正規の資格を持ったユング派の分析家よりはるかに上である人はたくさんいます。つまり、ユング派の分析家の資格を取るためのトレーニング・プログラムに入ったからといって、ただちにそのまま臨床力を保証してくれるわけでは決してありません。

　資格を持ったユング派の分析家とは、ユング派の中でユングの理論や技法をきちんと学んだ人のことであり、すぐれたユング派の臨床家を表わすライセンスではありません。実際、スイスでも日本でも、資格は持たないけれども、資格を持ったユング派の分析家よりもはるかに臨床家としてすぐれた精神療法家がたくさんいます。面白い布置だと思いますが、私の日本での分析家も、スイス留学中の分析家も、ともに無資格者でした。スイ

スの分析家のアドルフ・グッゲンビュール＝クレイグ（Adolf Guggenbühl-Craig）先生からは、「お前が資格を取るのはナンセンス！」と揶揄されました。「残念ながらユング派の分析家の中で真に臨床力のある分析家は数少なく、つまり資格を取ろうとすることは、お前より臨床力のない奴から試験を受けることになるんだぞ」とからかわれました。しかし私にとって、西洋人から分析を受けて、かつ西洋人の分析もおこなう体験をすることが、西洋由来のユング心理学を、日本人の精神や文化にふさわしい形で日本の臨床現場に根づかせるためにはぜひとも必要であり、西洋人の分析を体験する機会を得るためには、ユング研究所に入所しなければならないことを、何とか理解してもらいました。そして幸いスイスで20人余の西洋人の方々との分析をする機会に恵まれ、西洋人と日本人の心の異同を肌身で感じることができました。その体験は今でも私の臨床家としての大きな財産となっています。

資格の功罪

　こうして私は有資格者のユング派の分析家となったわけですが、グッゲンビュール＝クレイグ先生は、ユングの「考え」（theory、理論）ではなく、ユングの「考え方」（attitude、態度ないし根本姿勢）に共鳴し、無資格のユング派の道を歩まれました。そして無資格のままその実力が認められ、チューリッヒのユング研究所の所長となられ、とても大胆な提案をされました。それは無資格者ならではの大胆な提案で、いっさいの試験をなくして、入所したい者には誰でも入所させ、自分で卒業できる力がついたと思った者には、誰でも無試験で卒業させ、分析家の資格を与えてしまうという実に大胆な提案でした。玉石混交と言いますか、試験がなくなると屑石がたくさん出てくるだろうけれども、その代わり、たとえ数は少なくとも枠にはまらない大きな玉が生まれる可能性も出てくるのに対して、試験があると屑石はなくなる代わりに、大きな玉も生まれず、均等化した小粒の玉ばかりになってしまう、とグッゲンビュール＝クレイグ先生はお考えになられたようです。つまり資格のための試験というものは、最低限の水準は保証してくれるものの、その代償として、自身の成長のためではなく試

験に受かるがための勉強やトレーニングの横行といった本末転倒なことが起こりやすく、合格した資格者の規格化・平準化という弊害を生み出しやすくなります。すなわち、規格外の大粒な玉は生まれにくくなってしまうのです。

　しかしこの提案に対しては、苦労して資格を取った他の理事会のメンバー全員が当然猛反対して、グッゲンビュール＝クレイグ先生の提案は実現することができませんでした。有資格者の他の理事たちは、それではあまりにもアナーキーであると反対し、それに対してグッゲンビュール＝クレイグ先生は、資格の有無にかかわらず実力のある者はどうせ生き残れるんだからいいじゃないかと主張されたそうですが、反対多数によりグッゲンビュール＝クレイグ先生の提案は日の目を見ることがなかったそうです。しかしながら、グッゲンビュール＝クレイグ先生の提案は否決されたものの、グッゲンビュール＝クレイグ先生自身がユング研究所の所長を解任されることはなく任期を無事満了しえたそうですから、昔のチューリッヒのユング研究所は懐が広かったものだと感心させられます。

二つの「-ian」

　またグッゲンビュール＝クレイグ先生は、ユングの考え方には魅力を感じていたようですが、人間ユングその人に対しては強烈なカリスマ性を感じつつも、その人間性に対しては若干懐疑的だったようにも思えます。映画 "*A Dangerous Method*" に対して、ユングのイメージを歪曲して不当に貶めたと監督のクローネンバーグに猛反発するユング派の分析家たちは、あたかもユングの「無謬性（むびゅうせい）」を信じているかのようです。ユングの無謬性を何の疑念もなく素朴に信じる者は、教祖たるユングの信仰者、すなわち「ユング教」のカルト的信者であって、「私」の言う「真の」ユング派ではありません。ユング派すなわち Jungian の接尾辞 -ian には「〜に精通する人」という意味と「〜を信奉する人」という意味があります。Jungian を後者の意味にとると「ユング教徒」になってしまいます。私たちはユング教徒にならないようくれぐれも注意しなければなりません。そのためには私たちはユングを神格化したり、信仰の対象にしたりしてはならないので

す。Jungian の一人として、同じ -ian でも、Christian としての -ian ではなく、musician としての -ian でありたい、と私は願っています。「私」にとっての Jungian とは、ユングの「道」（way）に通じている人のことであり、ユングと同じ attitude（態度・根本姿勢）を大切にしている人のことなのです。

　ユングは、分析心理学という教会の信者はカール・グスタフ・ユングただ一人であるべきことを、とても強調しています。ユング以外の人が、ユングの教会の信者になるのは、安易な道であり、それは「自分の頭で考えない」ということになります。ユングの教会の信者になるのではなく、分析心理学というユング自身の教会作りを参照枠として、自分自身の教会を作るのが、真のユング派と言えるのではないでしょうか。なお、この「ユング自身が自らの教会を作ってゆく」プロセスというのが、実に参考になり、示唆に富み、魅力的であり、だから私はユング派になったとも言えるくらいです。ですから皆さんも、分析心理学そのものではなく、分析心理学が形成されてゆくプロセスを参照枠として、ご自分自身の教会をぜひ作り上げてください。

ユング派の attitude

　先ほど、ユングと同じ attitude を大切にしている人のことを私はユング派と呼ぶと述べましたが、この attitude の根本は、一人ひとりの病者をかけがえのない独自の人間存在として尊重するという治療態度であり、一回きりの独自の人生を歩む一人ひとりの人間の一回性と独自性の尊厳を大切にするということに尽きるかと思います。ユングが、自身の全集第16巻で強調しているように、大事なのは attitude であり、theory ではありません。私たちがユングから学ぶべきものはユングの attitude であり、その theory ではありません。実際、ユングの theory には妥当性のないものがあり、とりわけ私たち日本人にとっては妥当性に欠ける部分が多々あります。私たち日本人ほどではないにせよ、現代の西洋人にとっても同じことが言えます。すなわちユングの theory は、ユングが生きた時代と場所に制約されているのです。フロイトは attitude にはほとんど言及せず、theory の確

立を重視し、しかもそれをドグマ化したので、theory が時代と場所に制約されるものである以上、フロイトの理論はもはや単なる古典と化し、現在では Freudian でさえもフロイトのオリジナルな理論を修正し、改定したものを使っています。しいて言えば、フロイトが attitude として重視したのは、治療者の「禁欲原則」と「中立性（すなわち分析の隠れ身）」と「平等に漂う注意」の三つだけとなるでしょうが、実はこれも厳密に言えば、ユングの言う attitude ではなく、治療者の technique だと考えたほうが適切であると思います。ユングは、theory 同様 technique にも普遍性はなく、technique は治療の場にふさわしいものをケース・バイ・ケースで自在に使えばよいと述べています。

　ユングの全集第16巻が今でも臨床の知の宝庫と言えるのは、そこでユングが語っていることの多くが、臨床家としての attitude であり、theory ではないからです。一方、フロイトはすぐれた理論家であり、theory の構築に全精力を傾けていました。したがってフロイトの著作は理論のかたまりで、それゆえ現在ではそのほとんどが、臨床的妥当性を失った歴史的遺物と化してしまっているのです。

　一人ひとりの患者さんを前にしたとき、自分の目で見て、自分の耳で聴いて、自分の心で感じて、自分の頭で考えて、そしてその患者さんの一人の人間としての固有性をしっかり理解しようとする attitude こそが、私にとってのユング派の精神療法家の証(あかし)と言えます。

　患者さんの真実を前にして、自らの信念を捨て去る覚悟がなければ治療はできません。患者さんのために自分の信念に疑義を呈する覚悟ができていない治療者は、治療者の基本的 attitude に問題があると言わざるをえません。すなわち、治療者の考えに患者さんを合わせるのではなく、たとえ自分のそれまでの信念を捨ててでも、患者さんのありように治療者が合わせることができるということが、ユング派として一番重要な attitude ではないかと思います。患者さんの示す真実を前にして、自分の theory や technique が通用しないなら、それを潔く捨て去る覚悟と柔軟性が治療者には必要だと思います。Theory は一つの仮説にすぎず、患者さんの真実がその改変を要求しているときは、素直にそれに従う勇気を持つことが必

要です。人は往々にして、目の前の相手の真実を無視して、相手を自分のtheory に合わせようとしてしまう傾向があるので、充分注意しなくてはなりません。

　これまで、「私」にとっての「ユング派」とは何かについて述べさせていただきましたが、実はユング派を語る中で、「私」の考える「精神療法」の本質についても、すでにその多くを語ってしまっているように思います。したがって、次のテーマであるこの「私」にとっての「精神療法」とは何か、を論じるにあたっては、それを独立したテーマとして扱うのではなく、今まで述べてきたことを補完する意味合いのものになろうかと思います。

「私」の考える「精神療法」の本質───「私」にとっての「精神療法」とは？

理論と直観

　これから 1 か月後（2013年 4 月 4 日〜 7 日）に、アメリカのボストンで、"*The Journal of Analytical Psychology*" 主催の国際会議がおこなわれますが、そのメインテーマは「治療関係における愛着と間主観性」です。そこで開催される臨床的ワークショップの案内文の中に「ユング派の論文は、しばしば理論は豊かで、象徴にも精通しているものの、臨床経験が乏しい」という一文があり、正直私は驚きました。"*The Journal of Analytical Psychology*" は臨床が売りだったはずなのに、ここ10年ほどまったく臨床的に魅力のない雑誌になってしまったことを内心ひそかに私は嘆いていましたが、その "*The Journal of Analytical Psychology*" 自身がそれを認めていることに驚かされたのです。

　ユングは全集第16巻の中で、「理論は、なるべく臨床の場では用いられるべきではない。それは避けるべきものであり、唯一の例外として理論を使うとしても、あくまで単なる補助としての使用にとどめるべきである」と強調していますが、いつのまにかユング派は理論に走るようになってし

まい、現在のユング派においては理論の豊かさがその特徴であると見なされるようになっていたとは、理論家ではなく臨床家であることを自分のアイデンティティとしていた私としては残念でなりません。理論はドグマ化しやすいので、臨床上ときとして有害になりうるとユングは考えていました。既成の理論を使う、あるいは理論に頼るということは、それ以上自分の頭で考えなくなる危険性が常につきまとうことになるからです。

　先に述べたボストンでの国際会議の重要なテーマの一つでもある間主観性を提唱したエドムント・フッサール（Edmund G. A. Husserl）の直観的把握を排し、厳密な記述現象学によってのみ真の精神現象の理解に近づきうるというカール・ヤスパース（Karl T. Jaspers）の考えが、精神病理学においては大きな影響力を持っています。しかしその一方、ある事柄の本質を直観によってとらえようとするフッサールの現象学を精神病理学へ正当に導入した精神科医として、ルートヴィヒ・ビンスヴァンガー（Ludwig Binswanger）とウジェーヌ・ミンコフスキー（Eugène Minkowski）の二人が高く評価されています。またこの二人は、ともに人間学的精神医学者としても高名です。さらにこの二人は、オイゲン・ブロイラー（Eugen Bleuler）主宰のブルクヘルツリ精神病院で学んでおり、ユングは、二人にとっては兄弟子にあたります。

　私の臨床の基盤は、この人間学的精神医学にあり、実際、私がユングと出会ったのも、文光堂によって出版された『人間学的精神療法』という書物を通してでした。すなわち私にとっての精神療法とは人間学的精神療法のことであり、そこでは直観が重視されます。

　この直観力を磨くことが臨床では、とても大事なことになると思います。そのためには、臨床経験を積み重ねることが何よりも必要となります。ただし色眼鏡なしの、タブラ・ラサ（すなわち、かき消された白板）の心構えで臨床経験を積み重ねることが大前提となります。どんなに書物を読んでも、ただそれだけでは臨床力は身につきません。臨床現場の中でしか、臨床力を鍛えることはできないのです。ただし、ある種の色眼鏡をかけて、すなわちある理論にとらわれた状態でいくらケースを見ても、これまた臨床力は身につかないのです。いっさいの先入見を排したタブラ・ラサの心

構えで、ケースの個別性に心を開いた人間学的な立場で臨床経験を積み重ねることによってしか、真の臨床力を鍛える道はありません。

人間学的立場とは何か

　では人間学的立場とはどのようなものなのでしょうか。それは、人間の精神の営みが備えている独自性や一回性を人間存在の中核に属するものとして重視し、かつそういった人間存在の全体性を、自らの全人的なかかわりを通して把握しようとする構えと言いますか、根本態度を意味します。それを私は、前に述べたユングのattitudeとほぼ同一のものと理解しています。

　私の場合、精神療法の出発点が統合失調症の精神療法にあるので、ユングの考え方に傾倒するのと同じくらい、統合失調症の精神療法のパイオニアとして名高いハリー・スタック・サリヴァン（Harry Stack Sullivan）の考え方にも傾倒しています。サリヴァンは、統合失調症者の予後の決定因子は、「生活状況であり、その生物学的総和である」と述べています。サリヴァンは精神分析の枠組みの中で初めて、bio-psycho-social（生物―心理―社会的）な存在として人間をトータルに見た治療者と言ってよいのではないかと思います。さらにサリヴァンは「われわれは何よりもまず等しく同じ人間である。幸福な者であろうと、悲惨な精神病者であろうと、この点に変わりはない」と述べていますが、こうした病者に対する敬意と共感こそがサリヴァンの治療者としてのattitudeの根幹です。

　この共感もしくは感情移入と訳されるempathyは、サリヴァンの非言語的コミュニケーションを理解するうえで重要な概念となります。このempathyという英語は、ドイツ語のEinfühlungを訳すために20世紀初頭に作られた造語ですが、実は元のドイツ語Einfühlung自体も19世紀後半に作られた比較的新しい造語なのです。日本人であれば「相手の身になる」という日常語で表わせる概念に、わざわざ造語を当てなければならなかったのは、西洋の文化が持つ「自立した個」という幻想の影響が大きかったからだろうと思います。ドイツ語の接頭辞Ein-にしろ、英語のem-にしろ、intoの意味があり、したがって英独二つの造語は方向性を伴う動作を

表わすことになり、いわば「対象の中に入って、そして感じる」という二分節性を持っています。一方、日本語の「身になる」は一分節性であり、二つの自立した個という幻想がそこにはないことがうかがえます。

とはいえサリヴァンをはじめとする新フロイト派と称される分析家たちは、西洋人としては、自立した個という幻想からかなり自由になっているように思えます。たとえばサリヴァンは「胎児と母体の間には真の分離はない。それは共生的な存在である。胎児ばかりでなく、生きとし生けるすべてのものは、環界、環境と共生的な存在として生きている。有機的な存在は、特定の必要な環境から分かたれると生きていくことはできない。環界がない有機的存在などというものはない。また有機的存在を環境から完全に区別することなどできない。両者は分かちがたく混じり合っている」と述べています。すなわち、生きとし生けるすべてのものは、自分を取り巻く世界と共生的な存在として、あるいは共に依存（depend）し合う存在として生きているのです。Depend しない、すなわち independent に生きている人間というのはありえないのです。私たち人間はお互いに、また世界とも、良かれ悪しかれ依存し合いながら、もしくは関係し合いながら生きてゆく存在なのです。どうせ依存せざるをえないのなら、良い依存の仕方を目指したいものだと思います。このように自立した個というものが幻想であることを、サリヴァンは1932年にすでに見抜いていましたが、東洋ではもっと早く、およそ2,000年近く前に、龍樹（ナーガールジュナ）が「空の思想」として気づいていました。

このような関係性の網の目の中に私たちは生きているわけですが、そのことは現代の先端科学によっても明らかにされつつあります。

脳科学が明らかにする無意識

ところで、この講演の冒頭で、ユングはメルクリウス的な多面性を有すると話しましたが、実際、精神科医としてのユング、心理学者としてのユング、精神療法家としてのユング、宗教家としてのユング、思想家としてのユング、哲学者としてのユング、さらにはシャーマン的ユング、オカルト的ユングなど、実にさまざまな顔をユングは持っています。晩年20年ほ

どは、もっぱら錬金術の研究に没頭していましたが、しかしユングの最晩年の著作は1958年の、すなわち亡くなる3年前に書かれた「統合失調症」という医学論文であり、ユングは精神科医としての側面も、死ぬまで生きていたのです。実はこの論文は、その前年の1957年に開催された国際精神医学会の講演原稿を一部手直ししたものですが、その手直しした部分というのは、当時の脳科学の新知見を盛り込むためのものであり、死の直前までユングは、生物学的精神医学や脳科学の最前線の勉強を怠っていなかったことがよくわかります。この論文の中でユングは、脳科学と無意識の心理学はともに、同じ精神現象の二つの異なるアスペクトを扱っているにすぎないと述べています。したがって将来いつの日か、この二つの学問、脳科学と無意識の心理学とが、精神現象をより深く理解するために連携し合うことが可能となるであろう、とユングは予測しています。

　私もユング同様、精神科医の端くれとして、脳科学には強い関心を持っています。実はそのうち「現代脳科学の最先端と精神療法の未来」というタイトルで、ワークショップをやりたいと思っているくらいです。脳科学の進歩が、精神療法全般に今後どのような影響をおよぼしうるかについて論じたいと考えていますので、興味のある方はぜひご参加ください（この秋、東京では山王教育研究所のワークショップで、京都ではAJAJのセミナーとしておこなう予定です）。結論を先取りして言いますと、脳科学の最新知見を展望してみたところ、精神分析は、フロイトが1895年に「科学的心理学草稿」の中で夢想したことが実現し、脳科学と融合してそれこそ本当に科学的心理学となり、認知行動療法は、脳科学的観点からはその妥当性が疑問視されるようになり、精神療法の独立した学派として存続することはできなくなり、せいぜい臨床上の一技法として生き延びるのではないかと思います。先に述べた1958年の論文でユングが予見したように、唯一ユング派の精神療法だけが脳科学と連携しながら、独自の精神療法学派として生き残れるのではないか、と私は考えています。そのさわりのいくつかを、ごく簡単にご紹介したいと思います。

　現在、脳には「解釈装置モジュール」と呼ばれるものが備わっていると考えられています。モジュールとは、脳全体の機能のうち、一つの機能単

位を表わします。それは、さらに複数の変換可能な構成要素、すなわちニューロン・ネットワークから成り立っています。脳においては、私たちの考えや行動を決まった方向へと無意識のうちに導く、生まれながらに備わっているメカニズムだと考えてください。脳は、見当がつかないことでも説明を求められたら、すぐさま自動的にこの解釈装置を作動させ、もっともな説明を与えてうまく帳尻を合わせるようにできています。脳はたえず解釈を自動的におこなうようにできているのです。たとえそれが間違っていても、一見合理的な解釈を脳は作り出すようにできているのです。この脳の解釈装置モジュールは、私たちが環境の中で遭遇したものに対して示す認知反応や情動反応を解釈し、一つの事柄が他の事柄とどのように関連しているかを問い、仮説を立て、カオスから秩序を導き出してくれます。この解釈装置のおかげで私たちは、脳に押し寄せてくる膨大な量の、すべての情報のつじつまを何とか合わせることが可能となるのです。すなわちこの解釈装置が、無意識のうちに私たちの行動や情動や思考や夢を編集し、つなぎ合わせることによって、連関と意味のある「物語」を紡ぎ出してくれるのです。解釈装置は私たちのバラバラの体験を一つにまとめる接着剤の役割を果たし、統一のとれた、理性ある行為の主体である、という感覚を私たちに持たせてくれます。あらゆるプロセスのつじつま合わせをおこない、さまざまな入力情報を一つの物語にまとめ上げるこの解釈装置こそ、「自己意識」を生み出している正体ではないかと考えられています。

意識と意味

　ではなぜこのような解釈装置が必要なのかというと、ユングが考えたように、意識は無意識という巨大な氷山のほんの一角にすぎず、膨大な無意識の情報量を処理して意識の上にのぼらせるには、どうしても「解釈」が必要になるのです。すなわち毎秒数100万から1,100万ビットにもおよぶ感覚入力情報を、最大毎秒16ビット、通常は2～3ビットの容量もしくは処理能力しかない私たちのちっぽけな「意識」が処理するのはとうてい不可能です。そこで脳は、「解釈装置モジュール」を使って無意識による処理をおこなわざるをえなくなります。すなわち無意識下で解釈がおこなわれ

るわけです。身体も含んだ外界からの感覚入力情報を脳は、100万分の1以下にまで落とし込んで、このごく小さい容量の意識でも、ようやく何とか受け止めることが可能な形にまで加工せざるをえないのです。すなわち、ほとんどの情報入力は無意識下で処理され、容量の極端に小さい意識がそれを体験するためには、「物語」（story）という形に要約し、図式化し、圧縮する必要が出てくるわけです。このように一次情報を、意味あるものとして解釈し、加工し、いわば脳が作り上げた加工品、決して生のものではない・オリジナルなものではない脳の加工品を、私たちの意識は体験しているのです。そういう無意識の作り上げた人為的加工品から私たちの意識は成り立っているのです。

　禅の修行もしくは禅的体験は、いわばその意識の欺瞞性から解放され、オリジナルなものをそのままに体験しようとする試みであると言えるでしょう。禅は、十牛図の第八図「人牛倶忘」の円相（図一面に大きい円を描くだけの空白）で示されるような無の境地を目指しますが、これはいわば欺瞞的な意識の「無化」を目指していると言い換えることができると思います。「無の境地」とは「意識の無化」された状態のことである、と言ってよいのではないかと思います。意識は幻想です。しかし幻想と知りつつ、十牛図の第九図「返本還源」（「梅の花は紅に咲き、川の水は滔々と流れる」という絵によって示されるように、「色即是空」すなわち「無」を体験した後に新たに立ち現われてくる自然の姿・自然の摂理、つまり「空即是色」の「色」）が示しているように、複雑な因と縁の網の目の結節点に生じた幻想としての自分と世界を、十全に味わって生きることが私たちにとってはとても大切なのだと思います。

　意識の起源をめぐる壮大な仮説を提唱したジュリアン・ジェインズ（Julian Jaynes）の説に従えば、私たちの意識はおよそ3,000年前に出現したことになりますが、人間が意識を持つことによって、人間の「意味の希求性」もまた必然的に生じざるをえなかったことになります。最近の脳科学的知見によると、私たちが「意識」を持つ以上、私たちは「意味の希求性」からは逃れられない運命にあるのです。「意識」と「意味」とは一つのコインの裏表のような関係であり、ある種等価なものである、ととらえ

るべきだと思います。

　私はこれまでいくつかの本や論文の中で、個々の患者さんがより自分らしく生きられるようになる自分自身の個人神話を、患者さん自身が見出す場を提供することを精神療法の本分として述べてきました。個人神話の創出とは、意味の希求性が私たち人間にとって意識を持つ以上逃れられないものであるならば、いわば逆に開き直って、それを前向きに活用しようとしているものだとも言えます。ただし個人神話という言葉が内包する意味には、以下に述べるような含意を持たせています。すなわち「この世は、必ずしも自分にとって都合の良い、合理的な意味ばかりに包まれているわけではありません。むしろ自分という観点からすれば、不合理で理不尽なことだらけだと言ってもよいでしょう。でもそれも含めて、自分の人生として引き受けてゆこう」という高次の意味も含まれており、だからこそ自我を超えたものとしての「神話」という言葉をあえて使っているのです。

　また私たち人間は、意識を持つ存在の性(さが)として、ワンパターンに陥りやすいという傾向があります。先にも述べましたように、意識の誕生とともに脳にもたらされた解釈装置モジュールには、私たちの考えや行動を決まった方向へ無意識のうちに導こうとする性癖があります。したがって意識というのは、ともするとこの解釈装置モジュールが持つパターン化の傾向に従って、一つのパターンで物事を理解しようとしてしまいます。何せ解釈装置モジュールは、いわば意識が手抜きをするために脳が作り出したものなのですから、少しでも油断すると私たちの意識は、それこそ無意識のうちに楽をするために、世界を単純化・パターン化したありようで理解しようとしてしまいます。私たちは、複眼的に多数の視点から世界を見るように、たえず自覚的な努力を続けていないと、世界はやがて表層的となり、その豊かさは失われてしまいます。

独自の教会を建てる

　本日私は、精神療法に一番の親和性を持ちながらも、脳科学も含めた生物学的精神医学にも興味を持つ一精神科医の立場から話をさせていただきました。私の立場はこのような偏りがありますが、偏り自体は誰にでもあ

ることであり、大切なのは自分がどのような偏りを持っているのかをきちんと自覚できていることです。

　ユングはたった一人でさまざまな顔を終生持ち続けましたが、それは天才ユングだからこそなしえたことです。平凡である私たちにできることは、おのおのの個性に沿った独自の顔を持ち、そして独自の教会を建てることです。しかし、それらが合わさることによって、こころを豊かに賦活してくれる、またこころの生命力の源である「多様性」が保たれることになるのです。

　今日、私が話したことはあくまで私個人の教会の話であり、武野俊弥という私個人の価値観にすぎません。今日ここにお集まりの200人余の多様な個性を持った皆さん方が、それぞれ各人の個性をさらに磨き上げることによって、より豊かな多様性が生まれることになります。皆さんは、皆さんの個性に沿って、皆さん固有の教会をぜひ築き上げてください。そして、そうすることによってユング派の世界のみならず、精神療法の世界がより豊かなものになりますよう切に願って、本日の話を締めくくらせていただきます。

　　武野俊弥（たけの・しゅんや）………………………………………………………………
　　1953年生まれ。東京医科歯科大学医学部卒業。医学博士。四倉病院副院長・院長を経て、1988〜1991年、スイス・チューリッヒのユング研究所に留学し、ユング派分析家資格を取得。1992年より精神療法・精神分析専門のクリニックを開業。現在、武野クリニック院長。著書に『嘘を生きる人　妄想を生きる人』『分裂病の神話』『ユング派の心理療法』（共著）『ユング派の臨床』（共著）『心理療法と物語』（共著）『今日の精神疾患治療指針』（共著）など。

シンポジウム

本稿は、2013年6月15日に京都大学百周年時計台記念館で行われた日本ユング心理学会（JAJP）第2回大会プレコングレスのシンポジウムをまとめたものである。

基調講演（要旨）「身殻と身柄」

鷲田清一
大谷大学

身体と所有権をめぐって

所有権の両義性

　「身殻」と「身柄」ということでここで問題にしたいのは、〈わたし〉というものが「身体としてある」ことと「だれかである」ことの関係についてである。そしてここで、「身殻」と「身柄」というふうに、ことさらに「身」という語にこだわっているのは、物体（もしくはそのようなものとみなされた身体）を意味する英語のbodyや仏語のcorps、独語のKörperよりも、それがはるかに広い意味領域をもっているからである。
　たとえば、「身」には、上で述べたような物質体というような意味はほとんどなく、せいぜい「肉」を意味する「生身」「白身」があるくらいである。それよりも「身」は、ふるまいや生活状況（「身が軽い／重い」「栄養／教養が身につく」）とか、社会的境遇（「立身出世」「身分」「身の上」「身を持ち崩す」）をふつう意味するし、場合によっては「われわれ」とか「あなた」といった人称（「身ども」「身内」「御身」）をも意味するし、さらには西洋の考え方では（物質的）身体に対立する「心」とさえ置き換え可能（「身を焦がす」／「心を焦がす」）である。
　「身」はその意味で、現代医療の対象となる身体、つまりは、輸血、人工臓器、臓器移植、胎児診断、CTスキャンによる検査、遺伝子組み換え

操作などといった医療テクノロジーのなかに拉致された無人称的な身体（＝物体）とは別水準にあるものである。身体はそもそも「だれかの身体」として人称性を外せないものである。わたしが所有する身体であれ、わたしがそれであるところの身体であれ、身体は、それぞれにわたしの身体としてある。それは、だれかの感情や感覚、ふるまいや習慣の座として、だれかある主体によって生きられているものである。ところが「わたしの身体」というときのその「の」の意味が、あらためて不分明になるような事態が生まれてきた。身体をめぐる所有権の問題である。

　所有権（property/propriété）という観念は、一方で、所有、所有権、所有物、財、資産を意味するが、他方では、ある物に、あるいはある人に「固有」のあり方や性質、特性・（自己）固有性を意味する。いうまでもなく、「所有（物）」とは他人への譲渡や交換の可能なものであり、それとは反対に、「固有」とは他のものと取り替えのきかない譲渡不能な特性を、つまりはあるものの「かけがえのない」あり方を意味する。つまりは譲渡可能なものと譲渡不可能なものとをともに意味するということである。ちなみにドイツ語では「所有」のこうした両義性ないしは多義性は、eigenという形容詞を名詞化したときに別の語として派生するというかたちでみられる。Eigentum（所有〔権・物〕）、Eigenschaft（特性）、Eigentümlichkeit（独自性）、Eigenheit（固有性）、Eigentlichkeit（本来性）というふうに、である。

　とすれば、property/propriété という概念のこうした両義性は、いったいどこからくるのか。所有されるものは同時に譲渡も交換も可能なわけであるから、「自己に固有なもの」（特性・固有性）という概念もまたはじめから「所有」という概念に含まれた非固有性という意味契機に侵蝕されていると考えたらいいのか。いいかえると、代わりのきかない〈わたし〉という存在の固有性もまた、ほんとうは物や他者とのあいだでの「所有」という事態の成立に隠された根拠をもっているのだろうか。それとも、この二義性によって、「所有」と「固有」の双方の根に等しくあるより根源的な事態がさししめされていると考えたらいいのか。考えられるとすれば、「わたしに固有のもの」（たとえばわたしの身体）として表象されているも

のが、じつは別のだれかのそれとも譲渡や交換が可能なものでしかないという、そのような逆説的な事態が〈近代〉という時代に起こったということではないか。その意味で、「所有」と「固有」がおなじ語で表現されるという事実そのものが、わたしたちの社会、とくに近代社会の構造的特質を表わしているのではないかということである。

　「所有権」は、近代という時代において、個人の「自由」を保証するものとして機能してきた。じぶんがそれであるところの財（＝生命）、もしくはみずから労働をつうじて作りだした財については、当人の同意なしにはだれも収奪したり搾取したりすることは許されない。そういう理念に立つ近代市民社会にとって、まずは「私的所有」という排他的権利の制度化が、公平な分配の規則の確立とともに、個人の自由が成り立つ不可欠の条件と考えられてきた。ジョン・ロックの労働所有論において典型的にみられるように、そこではある事物を生みだす労働が、ひいてはその労働を担う「わたしの身体」が、その事物がわたしのものである根拠とされた。しかし、「わたしの身体」というとき、わたしの身体はそもそも「わたしの所有物」なのであろうか。

わたし「の」身体

　この問いを考えるにあたって、「わたしの身体」というときのこの「の」という、ある種、逆説的な関係について述べたガブリエル・マルセルの行論をまずは見ておきたい。

　　あらゆる所有は、何らかのかたちで、わたしの身体と関連づけて定義される。この場合にわたしの身体とは、絶対的な所有であることそのことによって、いかなる意味でも所有ではありえなくなるものである。所有とは、何ものかがじぶんの意のままになるということ、何ものかに力を及ぼしうるということである。このように何ものかを意のままにできるということ（pouvoir disposer de）、あるいはここで行使される力には、あきらかに、つねに有機体が干渉している。ここでいう有機体とは、まさにそのような干渉によって、「わたしはそれを意のま

まにできる」と言えなくさせるようなものである。そして、わたしが事物を意のままにすることを可能にしてくれるその当のものが、現実にはわたしの意のままにならないという点、まさにこの点に、おそらく、意のままにならないこと（l'indisponibilité）の形而上学的な神秘が見てとれるのであろう。（Gabriel Marcel, *Être et avoir*, 1935）

　このように述べたうえで、マルセルは「もつ」ということに関して、「占有としての所有」（l'avoir-possession）と「包含としての所有」（l'avoir-implication）という区分を導入する。前者は、だれかある主体が何かを自由に処理可能なものとしてわがものとすることであるが、その場合にわたしが所有するものはあくまでわたしの外部にあって、わたしの存在そのものにとっては偶然的である。後者は、所有されるものがたえずわたしに巻きつき、わたしを侵蝕し、そうしてわたし自身に所有という水準そのものを超え出させてしまうような、〈もつ〉の逆説的ともいえるようなあり方のことである。こうして、マルセルは、通常の所有が最終的に依拠している身体の所有、つまり身体がわたしに帰属するということでは十分に表わせないような所有の「神秘」を浮上させる。

　極限にまでゆくと、わたしは、このようにみずからの身体に愛着することによってわたし自身を滅ぼしてしまう。わたしはわたしが密着するこの身体のなかに吸い込まれてしまう。……おもうに極限では、もつことそのことが、はじめは所有＝占有されていただけのじぶんのなかでおのれを破棄しようとするのだが、その事物がこんどは最初それを意のままにできるとおもっていた所有者自身を呑み込んでしまうのである。（*ibid.*）

　所有関係の反転である。もっともこうした反転も、「占有」に定位した反転と、「包含」に定位した反転とではおのずから様相を異にするのであって、前者では所有物に所有され返すという、イニシアティヴの逆転、いわゆる「疎外」（aliénation、すなわち自己固有性＝所有権の譲渡）という

かたちでの反転が発生しているのに対し、後者においては、〈わたし〉が積極的な意味において自律性を失い、「存在のなかに、いいかえると自己の手前（あるいは自己を超えたところ）、つまりおよそありとあらゆる〈もつ〉を超え出た地帯に根を下ろした」真の意味での「自由」へと向けて自己を超えてゆくのである。わたしと身体のあいだに成り立つ「もつ」という関係は、最終的に所有という関係を超え出て、ひとつの存在へと転化するのである。

　こうしてマルセルは、じぶんの所有の根底に身体の所有という事態を見ながらも、根拠としてのその身体の所有が「わたしのもの」というかたちでの自己所有としては不可能であることをあきらかにする。「わたしが事物を意のままにすることを可能にしてくれる当のものが、現実にはわたしの意のままにはならない」という事実を浮き上がらせる。身体は、最終的には所有権（propriété）という観念そのものが失効するような次元でこそ問われねばならないというわけだ。

所有不可能なものとしての身体

「自己所有」の再検証

　名ピアニストにとって「才能をもつ」ことと「天才である」ことは区別されえず、ピアノが、さらには音楽が、かれ自身の存在となることがあるように、工場労働者にとってかれの身体は機械のための機械ともなりうる。つまり、所有が存在へと転化することがあるように、存在が所有へと転位することもあるということである。じぶんの身体と一体化したり、逆にじぶんの身体を対象として遠ざける、そうした揺らぎが、転化が、〈わたし〉のイニシアティヴを外されてしまう可能性にさらされるのが、医療テクノロジーの空間なのである。いいかえると、そこには「わたしが身体である」ことと「わたしが身体をもつ」こととが決定的に乖離させられてしま

う、そのような事態がせり出してきている。

　法的な領域ではもともと、「人格」は生身の身体（わたしがそれであるような身体）とは別次元に設定されている。たとえば、そこには暮らしていない者がある土地の所有権を有しているとされる。あるいは失踪者が一定期間を経て「死んだ」とみなされる。ここでは「人格」から生身の身体は解除されている。これとおなじ事態が、現在では、法的な「人格」ではなく生身の「人」に起こっている。臓器提供（＝身体の一部の譲渡、つまり所有権の放棄）、輸血（＝血液の譲渡）のみならず、廃棄された胎児、あるいは身体からの抽出物、分泌物が、製剤のため、人工授精のための資源として流用されもする。ここでは人体は、「わたしの身体」としてではなく、無人称の、交換される、ときには売買もされる、ある物的資源としてある。ここで身体は、〈存在〉と〈所有〉のあいだの揺らぎという人称的な緊張関係から外されて、端的に〈わたし〉の所有する物的資源として、もっとあからさまにいえば「商品」としても、存在するものである。そして当然のことながら、資源であるからには、使えるのみならず、保存され、供与され、譲渡され、盗まれ、再配分されうる。

　これに対して、わたしたちが取りかからねばならないのは、所有はほんとうに「じぶんの意のままにできること」（disponibilité＝自由処分可能性）ということを第一義的に意味するものかという問いかけであり、また近代社会ではじぶんの存在はじぶんのものだとし、主体が自己を隅々まで所有しているという事実に「自由」の基礎を見ようという自己所有の考え方の再検証である。いいかえると、マルセルが指摘した（「所有」を可能にしている）この「わたしの身体」こそ、じつはもっとも意のままにならないもの、つまりは所有不可能なものではないのか、そしてこのもっとも意のままにならない存在の次元にこそ、人びとの社会性もしくは相互依存の関係が根づいているのではないのか、という問いかけである。

所有関係の反転

　西欧近代における「所有権」の定義は、基本的に、ある事物を「意のままにできること」として規定してきた。しかし、この自由処分可能性とい

うのは、じつはみずからの論理を貫徹できないものである。自由であることの根拠がひとを不自由にするという逆説的な事態を発生させるからである。ヘーゲルも指摘するように、所有する者は、その意志を物件のなかに反映するちょうどそれとおなじだけ、所有物そのものの構造によって規定される、そのかぎりで所有物に所有され返すという事態が起こるのである。貨幣の自由な所有（たとえば貯蓄への努力）が、守銭奴として貨幣に縛られることへと容易に反転するように、ひとはじぶんのものでないものを占有しようとして、逆にそれに占有されてしまう。そこでひとは、所有物によって逆規定されることを拒絶しようとして、もはや所有関係の反転が起こらないような所有関係、つまりは絶対的な所有を夢見る。あるいは逆に、反転を必然的にともなう所有への憎しみから、所有関係からすっかり脱落すること、つまりは絶対的な非所有を夢見る。暴君のすさまじい濫費から、アッシジのフランチェスコや無産主義を標榜する宗教結社まで、歴史をたどってもそういう夢が何度も回帰してきた。ひとは自由への夢を所有による自由へと振り替えることで、逆にじぶんを不自由にしてしまうのである。

　これを裏返していえば、所有する「主体」の存在もまた譲渡可能であるということである。ヘーゲルはこの点について、所有（権）は、事物の交換のなかで、権利として相互的に承認されることによってはじめて可能になる以上、所有権をいつでも放棄する用意があること（譲渡可能性）こそが所有の成立の前提であるとした。「わたしが他者と同一のある意志のうちで、所有者であることを止めるかぎりにおいて、わたしは、他者の意志を締めだしつつ対自的に存在する所有者であり、またそうした所有者でありつづけるという矛盾がそのなかでみずからを呈示し、媒介するようなプロセスとして」（G.W.F. Hegel, *Grundlinien der Philosophie des Rechts*, §72）である、と。あるいは、「わたしはある所有を、外的な物件として放棄することができるだけではない。わたしの意志が現に存在するものとしてわたしに対して対象的になるためには、概念によって、わたしはその所有を所有（わたしに固有なもの）としては放棄しなければならない」（*ibid.*, §73）、と。ここではまず、じぶんにとってじぶんが対象的であるということ、そしてそのじぶんをじぶんが意のままにしうる（verfügbar）ものと

して所有していること、そういう対自的なあり方、すなわち自己への関係性が〈わたし〉の存在であるとされている。そのうえで、所有（権）は、その放棄もしくは譲渡（Entäußerung）によって、その現存在を手に入れるという。つまりそれは、自己とその所有物との「自己固有なもの」という内部的な関係としてではなく、交換という事実のなかで、権利として相互的に承認されることによってはじめて可能になるのである。

存在と所有の境界へ

いうまでもなく、〈所有〉が〈存在〉を護るという、逆の事態もひとにはありうる。これもまたヘーゲルが指摘していることだが、ひとはじぶんの身体が凌辱されたとき、それをみずからの所有物（譲渡可能なもの）として切り離すことによって、つまり、人格の侮辱としてではなく――このとき「わたしは身体である」――、わたしの外面的な所有物への侵害としてその出来事を了解することによって、自己を防御することができる。ひとがときにすさまじい拷問に耐えうるのも、意志の強靱さはもちろんのこととして、さらにこういう自己意識が作りだす距離によるところがある。近年、「多重人格」ということがよく話題になるが、それもまた、過去にじぶんが受けたある耐えがたい虐待の記憶を、みずからが作り上げた別の人格に転写して、自己を防衛する方法だといえなくもない。

所有主体という、ある意味で法的虚構ともいえる「人格」と、ひとの生身の生存という二つの舞台を行き来するその「演劇的構成」（西谷修）によって、ひとはときに所有権を根拠に他からの侵害を防禦しようとするし、ときにつねに〈わたし〉の所有物として回収させられてきた制度的な身体の閉域を、いまいちど「感性的多型体」（ピエール・クロソウスキー）として、人や自然との自由な交流へ向けて開きもする。

意のままにできることという意味での所有の可能性と、意のままにならないことという意味での所有の不可能性。この二つがともに前提としている「所有（権）」と「自由処分可能性」という二つの概念の連結をまずは解くことが必要であろうとおもわれる。いいかえると、「存在と所有の境界ゾーン」（マルセル）へとわたしたちの身体概念をいざらせること。あ

るいは、〈所有〉を〈存在〉へと呑み込みつつ〈存在〉を〈所有〉へと隔てもする、そうした位相変換をひきおこすことそのことが、わたしたちが身をもって世界に住み込んでいること、またそこにおいてある構造（＝習慣）をもったふるまいをしていることの謂であり、そのかぎりで、ひとが身体としてあることそのことが、〈所有〉という事態の原型となっていると言うこともできるだろう。

鷲田清一（わしだ・きよかず）……………………………………………………………
1949年生まれ。京都大学大学院文学研究科博士課程単位取得退学。関西大学教授、大阪大学教授、大阪大学大学院文学研究科長・文学部長、大阪大学理事・副学長、大阪大学総長を経て、2011年9月より大谷大学文学部教授。哲学者。主な研究領域・テーマは現象学、臨床哲学、身体論・他者論。著書に『モードの迷宮』（サントリー学芸賞）、『「聴く」ことの力』（桑原武夫学芸賞）、『「ぐずぐず」の理由』（読売文学賞）のほか、『現象学の視線』『じぶん・この不思議な存在』『ちぐはぐな身体』『〈ひと〉の現象学』など多数。

討論──基調講演を受けて

指定討論者　伊 藤 良 子
　　　　　　河 合 俊 雄

　河合　それでは、これから討論に移りたいと思います。
　伊藤良子先生は、オリエンテーションとしてはラカン派だと思いますが、言葉や身体にとても関心を持っておられ、自閉症や転移に関する研究で本をいろいろ出されています。私は司会をしつつ、討論に加わっていきたいと思います。
　まずは伊藤先生から、指定討論という形で話をしていただきます。

見える身体と見えない身体

見える身体と自閉症の心理療法
　伊藤　鷲田清一先生には本当に広い観点から、また、歴史的な流れも踏まえて、身体について、身体は誰のものかという問いを持ちながらお話ししていただいて、いろいろ連想がふくらみました。私たちの心理臨床の領域とずいぶん重なるところがあって、そのあたりを私自身の観点から少しお話しさせていただいて、またご意見を聞かせていただければと思います。
　鷲田先生は「身殻」と「身柄」という形で表題を作ってくださいましたが、私自身が心理療法において、クライエントと私との間に生じてきたことから、そのことを言い換えますと、前者を「見える身体」、そして後者

を「見えない身体」というふうにとらえられるのではないかと思いました。

「見える身体」は、人間の意識にかかわるものです。自閉症の心理療法などをしておりますと、どのようにして「見える身体」が、その全体像が子どもに把握されるかというプロセスが生まれてくる。重要な点は、私たちは自分の全身像を見ることはできない、他者を介して、他者の存在なくしては自分の身体を見ることはできないということです。

自閉症の子どもたちは、本来、人間が持っているような関係性がなかなか持てないので、本当に孤立無援で、見ることでこの世界を、そして自分を把握しようとしている。そういう子どもたちを、プレイセラピー（遊戯療法）を通して、彼らのつくり出す遊びの中から理解してきたのです。そこでは、他者において、そして他者を鏡として、あるいは他者への同一化によって自己を見るということがある。つまり、見ることによって、「見える身体」としての私というものがそこで生成されていく。そのときに、他者の視線を自分の中に取り込んでいくということがなされます。

ある4歳児の事例

もう4歳になるけれども言葉がなくて、そして生まれたときから抱いても棒のようで、お母さんにしっかりと抱かれるようなことが難しかったお子さんがいました。4歳のときに私たちの相談室に来て、そのプレイセラピーを始めたときも、お母さんが手を離すと走り回っている。手に持ったものを振り回しながら走り回っているような状態だったわけですが、それが、プレイルームに入って、最初はまず電車に目を留め、電車の前で自分の目を動かすということが始まりました。グループで行っていたのですが、最初は他の子がその電車に触るとものすごいパニックに陥る。電車が彼自身であるかのように、電車が触られることに恐怖を感じていたのです。

それで、毎週毎週、プレイセラピーを継続していく中で、大きな電車から小さな電車を持って動くようになって、その小さな電車を目の前でじーっと動かし続ける。常同行動と言いますが、そういう状態でした。それが、電車を持ちながら滑り台を滑るようになった。

滑り台を滑った後、私も少し離れて、侵入にならないような形で後ろか

ら滑っていく。そういうことを繰り返しているうちに、今度は私の姿を見るようになった。私の姿を見て、私にもっと滑れと、言葉がないので動作で要求するようになった。私が何度も何度も滑り台を滑ると、今度は自分がまた滑り台を滑って、私にその横に立っていろと求める。そして私が見ている前を滑るようになった。彼から自発的に遊びを変えていったのです。

　このときは、もう１人セラピストがいて、２人のセラピストと数人の子どもたちでグループセラピーを行っていたのですが、そうしているうちに、もう１人のセラピストの手を取って、そのセラピストに滑れというようになった。そのセラピストを滑り台の上に座らせた後、私を、少し離れたところからそれを見るような位置に座らせて、彼は私の横に並んで座って、そのセラピストを一緒に見るのです。セラピストは滑る。そうすると、彼は、そのセラピストが滑るのを私と一緒に見て、そして私の顔をにこっと笑って見る。

　その前に、私が滑り台を滑っていたのを見ていたときは、人間を見るというような、眼差しを交わすような「見る」ではなく、物を見る、つまり電車を見るという感じだったのです。それがだんだん変わっていって、彼自身を私が見る。そして次に、他のセラピストを私と彼で見て、そのセラピストが滑るのを見る私を彼が見る。私の視線を彼が見る。

　２人で視線を共有するというようなことから、その後、彼がしたことは、私を座らせて、私にきゅっと抱きついて、それから私の身体の周りをぐるっと回って、まじまじと私の身体、耳、顔を見るといったことでした。私の身体を調べているという感じでしょうか。そんな感じで、ぐるっと１周して見る。

　その後、彼は、他の子が自分の電車に近づいたら怖がっていたのが、今度は彼自身に他の子が近づくと怖がるようになって、そして私に守ってもらうというようになった。私が彼を守ると、私の位置を常に確認しながら動いて、何かがあるとすぐ私のところに、守ってもらうように飛んでくるようになりました。

　そこで彼は、私の口を触りながら、彼の名前を言ったのです。それは、私がいつも彼に呼びかけていた名前でした。彼は、それまで、「パッパッ

パ」というような音は発するものの、言葉はなかったのですが、私の口を触りながら、自分の名前を繰り返し言ったのです。初めてのことでしたので、私も彼の名前を呼びかけた。すると、彼は納得したのです。

　こうしたことを毎週続ける中で、変化が生じてきたのですが、彼は、最初は物に、電車に同一化していた。それが人、私の身体に同一化するようになった。私の身体を通して、彼自身を見つけ出した。私との出会いにおいて、彼は彼自身と出会った。自分の存在、「見える身体」に出会えた。

　こうしたことから、彼が、他の子が自分に近づいてくることを怖がるという状態が生じたのです。自分の存在が、人に見えるものとして理解されたのだと思います。こうして彼は、おもちゃが壊れたら悲しんで、その悲しみ、感情を私にぶつけてくるようになってきたのです。

見えない身体と神経症

　今申しましたのが「見える身体」です。これに対して「見えない身体」があり、これは無意識にかかわるものだと思っています。「見える身体」は意識にかかわる。意識レベルで「見える身体」としてとらえられているものです。そこから彼の名前という言葉が生まれてきたわけですが、「見えない身体」は無意識にかかわる。

　乳児は、自分の不快な状態を、母親なりの他者という器によって抱えられることで感じる。泣き叫んでいる赤ん坊をお母さんが「よしよし」となだめておっぱいを与える。あるいは、おしめを替える。こうしたことを通して事後的に、赤ん坊は、自分はおっぱいが欲しかったんだ、おむつが濡れていたんだということを感じる。そこからだんだんと自分の感覚が、要求が、感情が分化していく、わかってくる。そういう過程を経て、事後的に、他者という器によって、ある意味、内容ができてくる。

　このように、他者との出会いによって、他者において自分と出会うということが人間の根本的なところでなされているのだと思います。

　しかし、「見える身体」というのは、他者との関係の中で、その他者に同一化することによって、自分をそういうものだととらえる。その出自の当然の結果として、他者になるわけです。自分というものではない。他者

に同一化しているのですから。そこに、「見える身体」から抜け落ちるものがどうしても生じてくる。こうして、「見えない身体」と「見える身体」の二重性が人間には生まれてくる。

　こうした「見えない身体」について問題を提起しているのが神経症の方だと思います。彼らの症状からは、無意識の言葉を聞くことができます。その一番典型的な例はヒステリーです。ヒステリーでは、あらゆる身体の器官が症状として使われる。見えないとか、歩けないとか、聞こえないとか、あらゆる形で出てきます。すべての器官に機能の障害が生じ得るのです。フロイトは「器官言語」と言っていますが、症状の中に、無意識の言語が読み取れるのです。

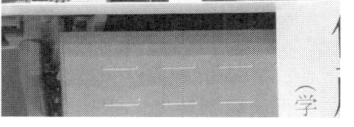

　また、強迫神経症の洗浄強迫という状態では、完全であらねばならないということから、自分の全身を洗い続ける。何時間もお風呂で全身を洗い続けて、そしてそれを家族に見てもらっていないと安心できないという重い症状の方もおられました。これは、意識することによる苦悩と言えるかもしれません。

　あるいは、離人神経症の方は、体が感じられない不安、例えば目だけが海の中に浮かんでいて体が感じられないことが苦しいという訴えをされる。

　さらに、心身症という、胃潰瘍とか、アトピーとか、喘息とか、体そのものを傷めるという状態があります。神経症では機能が障害されるのですが、心身症においては、体そのものを傷める。そういう場合は、言葉のみならず箱庭や夢などのイメージによって表現が可能になる。そこに無意識からの言葉を私たちは聞き取ることができるのです。そういう場がとても大事だということを、クライエントから教えられています。

　河合隼雄先生は、心を超えたものとして「生きられる身体」という表現を使われました。「生きられる身体」に関心を向けるなら、それは魂に至

る道になるかもしれないと書いておられます。先ほど鷲田先生が「包含」という言葉で言ってくださった、例えば、ピアノを弾くということから、音楽がそこにある、音楽であるという状態になるというあり方は、使う／使われる関係ではなく、私を超えて、そして現実的な、想像的な他者も超えて、河合先生の言われる魂の水準、より大きな他者とつながっていく道なのではないかと思いました。

「見ること」の意味

顔貌を見る

　河合　伊藤先生のお話に対して、鷲田先生がどういうことを思われたかお聞きしたいのですが、いかがでしょうか。

　鷲田　いろいろたくさんの問題を出していただいて、自分で整理できていないのですが、例えば、物を見ることに関する問題があります。

　これはものすごく難しい問題で、20世紀に入って、例えば哲学者のエルンスト・カッシーラー（Ernst Cassirer）などは、人間の知覚というのは、物を見るときでも、空を見るときでも、風景を見るときでも、人を見るときでも、顔を見ているという。確かに人を見るときにはその表情を読み取るのですが、風景を見るときでも、その風景をあたかも顔であるかのように見る。

　これはカッシーラーが言っているわけではありませんが、おもしろいのは、風景画の風景と、それから人間の顔のことを、フランス語ではそれぞれ「ペイザージュ（paysage）」「ヴィザージュ（visage）」と言って、「アージュ」という同じ語幹が付きます。辞書を引いても出てこないので、昔、『クラウン仏和辞典』を作られた多田道太郎先生に「このアージュとは何ですか」と聞いたことがあります。すると、「何かふわっと、気配が広がっている感じみたいなものなんだろうか」とおっしゃっていました。

ペイザージュ（風景）を見るときも、ヴィザージュ（顔）を見るときも同じ見方をしている。だから、美術史などでも、人物画の成立と風景画の成立というのはパラレルです。そうなってくると、物を見るのが先なのか、人を見るのが先なのかということではなく、アージュ、顔貌、顔を見るという、より根本的なところからよく考えたほうがよいのではないかと思いました。

横にいる関係と対面的関係

　その問題が１つあるのと、それからもう１つは、対面でお互いを見つめ合うのと、２人が並んで別のものを見るというところでフェーズが変わってくるというお話がありました。これも、恋が成就するとき、芽生えるときというのは、見つめ合って「アイ・ラヴ・ユー」と言うのか、それとも、２人並んで、星空とか海とかを眺めながら、ぼそっと何かつぶやくほうがより効果的なのか。最後の決定的なセリフを言うときは、じっと眼を見つめ合って告白したほうがいいんですかね？

　伊藤　見つめられてしまった（笑）。

　鷲田　先ほどの完全性の幻想ともかかわりますが、私が最近、対面と横の違いでこれだけ関係が変わるのかと思ったのは、ある動物園にいる、絵を描くゾウの話を聞いたときです。ゾウがいろいろ絵を描くので、飼育員の人がもう大変喜んで、「すっごーい！」とか言って喜んでいたら、次から次へと絵を描いてくれる。ところが、その飼育員さんに欲が出てきたのか、ゾウにゾウの絵を描かそうと考えた。ゾウの絵を描かそうとして……。

　河合　それこそ本当の自画像（自画ゾウ）と言うんですか（笑）。

　鷲田　ゾウに自画像は描けるわけがなくて、全然だめなのですが、何かを描かせようと、「もうちょっと、もうちょっと」「右へ行け、行け」と、こういう感じで声をかけるでしょう。すると途端にゾウは絵筆を外して、二度と描かなくなったのだそうです。

　この話を、知的障害の児童のケアをしていらっしゃる方にお話ししたら、「子どもだってそうですよ」とおっしゃっていました。自分がケアしているお子さんが何か絵を描かれたときに「うわっ、すごい！」とか言うと、

また次に違う絵を描いてくれる。「おっ、すごい、すごい。いやあ、すごい！」とか言うと、どんどん違う絵を描いてくれるのに、「よくやった！」「よくできました！」とかいう言い方をして、「じゃあ、次はどの絵を描こうか」とか言い出すと、途端に同じ絵を何回も描くようになる。

　横で一緒に喜んでいると、次から次へと違うことをやるのに、ある種の対面的関係、要するに評価とか激励、「よくやった」とか「今度は次へ行こう」という関係になった途端に同じ絵を、ほめられた絵を繰り返し描くようになるということです。

　これは本当にいろいろな例を挙げられると思います。学校の給食でも、1年生のときなど、先生が「今日もおいしいねえ」とか、「そうね、うまい、うまい」とか言いながら一緒に食べてくれている間はおいしい。ところが、2年生ぐらいになってくると、先生は全部食べさせないといけないという課題を持たれて、「よく食べられましたね」といったことをおっしゃる。その途端、食事がまずくなる。

　先ほどの伊藤先生のお話で、一緒に何か見ているということをある段階で経験、通過することが大事だということがありました。「おいしいね」とか「すごいね」とかいう、第三者が一緒に同じ向きで隣にいる関係と、「よく食べましたね」とか「よくできた」とかいう、対面的な評価の関係がある。子どもにとってまったく違う関係なのかなとも思います。カウンセリングの場合は、強いて言うと、どちらの関係になるのでしょうか。

　伊藤　今の場合は子どものプレイセラピーで、遊びを通して行いますので、対面で向き合ってという形ではなく、子どもは自由に自分の遊びをつくり上げていく、創造していくという形です。

　先ほど先生がおっしゃった、人を見るというのはその通りで、生まれたばかりの赤ん坊は、目玉を見るんです。丸い点を目だけで追視するということはずいぶん前から知られており、まずはそこから始まります。ところが、自閉症の子どもは、それができていない。先ほどのケースは、それをセラピストとの間で行うというプロセスを通して、それまで人との関係の中で自分というものをつくり上げられておらず、むしろ物の中に埋没して、物だけを見ていたのが、人を見るようになったということです。

プロパティとポゼッション

河合 2人の話を聞いていて、すごくおもしろいと思いました。鷲田先生のお話は、どうしようもなくアイデンティティというものを持っていたり、どうしようもなく「所有」というものを持っていたり、どうしようもなく他者との関係の中で生きていたりする、ある種、確立された近代人のどうしようもない行き詰まりをどう超えていくかという発想だと思います。伊藤先生のお話は、ある意味、その逆というか、普通ならば、どうしようもなく私たちは人と人との関係に入ってしまう。目を見ると、その1つの関係で何か模倣するというところに入っていってしまう。それができなかった子が、いかに自分を閉じるか、自分を成立させるかというお話だったと思います。

ところで、所有ということを考えるうえで、「ポトラッチ（potlatch）」が参考になります。これは北米太平洋岸の先住民社会に広く見られる贈答慣習のことですが、ここには所有などという概念はありません。首長が全部もらうかと、そういうことはなく、全部他人に配ってしまう。

区切られたところから、その限界をどう超えるかというふうに考えていくと、マルセルの「l'avoir-implication」のようなものが出てくる。けれども、哲学者の市川浩さんみたいに、「身」ということから考えることも可能だし、どっちで行ったらいいのだろうかということがありますね。

例えば、某梅原猛先生の家とかに行くと、「ああ、河合さん、よう来たな」と迎えてくれて、「ああ、これ、持って帰り」とか言って、日本酒を持たせてくれる。帰って開けてみたら、「鷲田」とか、熨斗（のし）が貼ってあったりするじゃないですか（笑）。そういう、所有という概念からまったく遠い人がおられるわけです。

鷲田 回すというか（笑）。

河合 そうそう（笑）。それは冗談として、近代のリアリティというものを、区切られたところから、その限界をどう超えるかというふうに考えていくのか、それとも、そうではないところから見ていったほうがおもしろいのではないかということは、よく考えたほうがいいなと思いました。

鷲田 今日は「プロパティ」の話ばかりして、その問題は扱いませんで

したが、それは「ポゼッション（possession）」の話につながってくる。つまり、ポゼッションも所有ということなのですが、一方で、「狐憑き」というときの憑かれる、憑依という意味があります。これはプロパティとは正反対で、霊とか、魂とか、気とか、何かわからないけれども、何かに自分が所有される状態です。私たちになじみ深い言葉で言えば、「オブセッション（obsession）」に近い。強迫観念に憑かれるということです。

今日は所有ということで、近代の主体の話ばかりをして、それが人を追い詰めているのではないかと述べましたが、ポゼッションという言葉で所有をもう1回見直したとき、憑依ということがベースになってくると思います。

そうすると、憑依が単に超近代的な、超自然的な何かや、あるいは精神病理としてだけではなく、それと地続きで、例えば、私たちの普段の自己意識であるとか、倹約や勤勉、道徳の観念なども、ある意味では憑依であることが見えてくる。いい成果を上げなくてはいけないとか、成績を上げて両親を喜ばせなければいけないとか、そうした人間の道徳的強迫もポゼッションというふうに考えることができると思います。

　河合　ポゼッションというのは、かなりグラデーションが広いですね。

　鷲田　そうです。

　河合　先に挙げられたピアノの例なども、あれはいい意味のポゼッションではないですか。

　鷲田　いい意味でのね。

贈与としての心理療法

　河合　こうして話をしてくると、心理療法は「贈与」だと思うのです。フロイトがすごかったのは、ある種、あたかも交換であるような装置をつくりつつ、しかしそこで起こっていることは贈与だったというようなところです。逆に言うと、一見すると交換のように見えることが守りになる。その中で贈与が起こるというところがすごいのではないかと今思います。

　鷲田　診察時間という形で、時間がきたからここで終わりという形で、まさに交換のほうでガードしている。

河合　そう、それでガードしているのです。でも、本当にやっていることは贈与であるわけです。うまくいけばね。うまくいかないと、単なる交換にもならない。

　鷲田　交換にもならない。

　河合　それから、村上龍さんの小説などでも思ったことですが、1980年代にはボーダーライン（境界性パーソナリティ障害）の人がものすごく多かった。絶対にこれが欲しいとか、何々しろとか、もう治療者を破壊し尽くすようなすごい人がたくさんいた。それでも、そういう人がだんだんといなくなってきているのです。

　鷲田　ほう。

　河合　これはどう考えたらいいのだろうか。所有ということをめぐる戦いは、ある意味、時代的には終わってしまっている。その中で、では「私」とは何だったのだろうかという問いが出てきて、それが解離などの形として現れてきている。そういうように変わってきているのではないか。

　そう思うと、所有という概念があると同時に、「いや、それではだめだ」ということで、例えば、パソコンのソフトなどでも、わざと特許を取らないとか、オープンソースとか、そういう方向性も出てきている。それは、経済やテクノロジーの分野の話であると同時に、私たちの心も、ある種、所有ということの限界をもう超してきているというか、本当は移ってきているのではないかと感じます。

　鷲田　そう思います。感覚的には同感です。ボランティアもそうです。贈与ということですね。

　河合　ただ、難しいのは、贈与が贈与でなくなるのは、ものすごく簡単で、贈与が所有とか達成に転化してしまうことがある。

　鷲田　そういう代償行為のようになってしまうから、ちょっとおせっか

いというか、のめり込み過ぎてはた迷惑になったりするということも生じてくる。そのときに、ボランティアでも、いつでも修復できる装置というか、ボランティア専属でやるときには、ある程度の給与を支払うというような形で、そういう安全装置というものがそれなりに考えられているようです。

　河合　先ほどの精神分析とか心理療法とかと同じことなのですが、どこかで交換の部分を組み込ませるというのは、社会装置としては大事なのではないかと思います。

共同注視

　鷲田　先ほど伊藤先生がおっしゃった「目」のことなのですが、人間の場合、白目が見えるということがすごく重要だと動物学の専門家に聞きました。白目があるから、目の動きが、今どういう変化をしたかがすぐわかる。しかし、イヌや他の多くの動物はみんな真っ黒だから、変化が読み取れない。目を見つめるというのは、雌雄を決するときのみだそうです。

　河合　心理学では、ある対象を相手と一緒に見ること、相手が視線を向けた先に自分の視線を移すことを「共同注視」と言いますが、これが、相手の関心や意図を理解できるようになるために、ものすごく大事な能力だと言われています。そして今、研究が進んでいて、霊長類のどのレベルまで共同注視が可能なのかが明らかにされていっています。

　伊藤　自閉症の子どもの心理療法では、子どものほうが、そういう共同注視の場をつくり出していく力があるということです。

　鷲田　ああ、それはおもしろい。

　伊藤　そこが、私が強調したいところだったのです。

　河合　伊藤先生の話を聞いていると、他者というのが大事だということと、それから、他者が何か操作したらそうなるということではなく、その子の中から出てくるということ、このあたりがポイントなのだろうと思います。

所有の病理を超えて

妄想を解除する

あと、鷲田先生にお聞きしたいことがあります。

「包含」というあり方は、所有ではなくなると言いますが、それと所有が反転するということとの違いは、何でしょうか。

鷲田　同じ反転でも、ヘーゲルの場合は、所有関係が、つまり所有する者とされる者の関係が反転するということです。所有する者が所有されてしまうのです。お金を所有していた人が、知らない間にお金に所有されるという関係に反転してしまうわけです。

マルセルが言っている反転は、そうではない。いわゆる所有が、もはや所有ではない水準へとめくれ返ってしまうという意味なのです。だから、ピアノを弾いているときに、自分がピアノを使用しているのが、ピアノに自分が使用されているかのような反転が起こるという意味ではなく、私とピアノの所有関係、あるいは使用という関係が、所有とか使用という関係とは違う関係にめくれ上がっていくということです。それが「l'avoir-implication」です。だから「私は音楽だ」という。所有が存在にめくれ返るというような意味で、ヘーゲルとは、同じ転換でも意味が全然違います。

河合　ああ、おもしろいですね。ある種、強迫的なメカニズムだなと思うのですが、コントロールしようと思えば思うほど、自分がコントロールされてしまう。それが、いや、そうではなくて、自分がそれだという。例えば、症状を何とか解消しようとして、ますますその症状に自分がやられていくというのは、ありがちなことだと思うのですが、何かこう、自分がその症状になるというか、「それだ」というときに「あっ、これもあるな」とでも言いますか、そういうある種の転換が起こるというのは、おもしろいイメージだなと思いました。

鷲田　ある介護施設でお聞きした話を思い出しました。

先生をしていらっしゃった方がその施設におられて、その方は、いつも

お昼ご飯が済むと、風呂敷に本を包んで、「これから授業に行ってくる」と言って出て行かれていた。「今日は授業がありませんよ」とか、あるいは「先生、もう退職なさったんですよ」とか言っても、エスカレートするだけで変わらないのに、先生が「行くぞ」と言われたときに、「じゃ、がんばってきてください」とか、「もうそろそろ時間です。間に合いませんよ」とか言って話の調子を合わせると、逆に「私は退職しているのに授業に行くはずがないではないか」と怒鳴られるのだそうです。先ほどの話とは逆ですが、何か一緒になりきると冷めてしまうというのも、不思議な話です。

　妄想とか認知症への対応というのは、ものすごく難しいのでしょうね。妄想や認知症を患っていらっしゃる人に、パッシング・ケアと言うのですか、それを全部スルーして、抵抗しないで、「違う」とか否定しないで、妄想などに合わせていくタイプのケアと、そうではなく、止めたりしない、抵抗もしないけれども、むしろ患者さんご自身にその妄想についてしっかり語ってもらうというタイプのケアがある。それを繰り返していく中で、ポゼスト（possessed）の状態から解放される。いずれにせよ、合わせていくということで逆に妄想から解除されるというような力が、いったいどこから出てくるのか、何がきっかけでそうなるのかというのは、話を聞いたときに不思議だなと思いました。

河合　どうですか。

伊藤　単に合わせているのではなくて、やはり、その先生が今語っておられることをそのものとして聞かれて、「もうそろそろ時間です」などと言われたときに、もうそれに固執しなくてもよくなられたのでしょうね。その時、その時、またすぐそれが起こってくるとは思いますけれど。

鷲田　ああ、起こってくる。そのほうが多いのですか。

伊藤　それはでも、すごく大事なことですよね。認知症の方の心理療法などで臨床心理士が本当にその人の話をしっかり聞いていると、とても認知症とは思えない認識が出てくるという報告もあります。私たちが一方的に、この人はこうだと決めてしまうのではなくて、その人の言っておられることを本気で聞いたら、先生が言われたようなことも起こってくる。

　河合　それでも、なかなか難しいのは、それこそ臨床とはみんなそういうものだと思いますが、原則にできないことを「ああ、いいことを聞いた」と思って行っていると、もう本当に手がつけられなくなるクライエントもおられるし、ケアする側も、合わせるのが得意な人もいれば、もう何を言われても信じてしまうあり方でうまくいく人もいますし。とにかく、いろんな組み合わせで、いろんなことが（笑）。そのあたりが、ものすごく難しいし、おもしろいところだと思います。

　今思い出したのは、アメリカの精神科医が自分の心理療法の体験を書いた『フィフティーン・ミニッツ・アワー（*The Fifteen Minute Hour*）』という本のことです。宇宙飛行をしていると信じ込んでいる妄想の人の話を聞いているうちに、そのセラピストは精神分析家なのですが、だんだんおもしろくなってきて、あまりにも入れ込んでしまう。すると、妄想を持っている人のほうが冷めてしまうんですよ。それで良くなってしまったというようなことが書いてありました。だから、そういうことはけっこうあると思います。

　伊藤　妄想については、まったく支離滅裂な病的なものではないということを最初に言ったのはユングですが、私たちも、妄想を持った方のお話を聞いていると、すごく納得できる。妄想がつくり上げられる必然性のようなものが、じっくり話を聞くとわかるのです。こちらに伝わってくる。

　でも今は、そういうのはなるべく聞かないようにしたほうがいいとか、薬で抑えたほうがいいとかと言われて、そうしたことが先になってしまって、彼らが本当に妄想を持ってまで生きようとしている、必死で自分を守ろうとしている、そういうところが、うまくとらえられていない面もあるのではないかと思います。

最後に残されたリアルな感覚

　鷲田　先ほど河合先生から、80年代までは「所有の病理」といったようなモデルを立てることができるけれども、それ以降、何か別のモデルに移っていっているというお話がありました。そのあたりをもう少しお聞きしたいのですが。

　河合　もう近代主体モデルでは難しいのではないかと思います。すでに、自分というのは1つではないというふうになってしまっている。それからもう1つ、批評家の加藤典洋さんの受け売りになってしまうかもしれませんが、無限というものが失われてきているというか、「絶対にこれだ」といった理想のようなもの、そういうものにもう夢中になれない状況があるように思います。

　鷲田　村上龍さんの『ラブ＆ポップ』という映画にもなった小説がありますが、これは、あるごく普通の女子高校生が、12万8,000円のトパーズの指輪をどうしても今日手に入れないとだめだと思い詰めて、援助交際を決断するという内容です。村上さんは、援助交際の中に、若い人のものすごく切迫した気持ち、つまり何かをしたい、ただ欲しいと思っている自分の欲望すら持続しない、知らない間に一晩で消えてしまうという気持ちを見ているわけですが、この小説以降、ペイン、苦痛というものを通してしかもう楽になれないという状況が出てくる。

　12万8,000円のトパーズというのは、要するに、たどり着けないギリギリの臨界としてある。これがなければもう生きていけないという臨界とか、無限とか、理想とか、そういうものがないというときに、では何をリアルと感じるのかというと、快楽とか、がんばりとか、何かそういうさまざまな既存の価値ではなく、最後に残されているのは皮膚感覚というか、痛いという感覚しかない。そういうところまでリアルな感覚というのは退縮してきているようなところがないでしょうか。つまり、自分に苦痛を与えることでしか、もう自分をほどけないというような状況です。

　子どものときに誰でも経験するようなことだと思いますが、自分の傷口をめくるとか、舌をギリギリまで嚙んでみるとか、そういう軽い行為から始まって、それこそ、ある人にとってはピアッシングや自傷行為、拘束さ

れる行為など、徹底的な受け身に入ることでしか自分を楽にできない、解放できないというようなことがあるのではないかと思うのです。

そのように考えるきっかけになったのは、清水アリカさんの『デッドシティ・レイディオ』という小説です。その主人公の恋人同士がお互いを祝福し合う。どう祝福し合うのかと言うと、お互いに苦痛を与えるのです。

男の子は女の子の虫歯を針でちゅっちゅっと突いてあげる。女の子は男の子のペニスの先をちゅっちゅっと突いてあげる。そういう苦痛に至ることを「祝福してあげる」と表現する。苦痛が祝福になるとはどういうことか、一時期ずっと考えたことがありました。

身体の行方

伊藤 自傷とか苦痛というのは、少し前からすごく起こっていたと思いますが、もう次の段階に行きそうな気もします。身体ということにかかわるなら、自分が男性か女性か、その中間かというテーマが出てくるということと、もう一度、先ほど先生が言われたような「音楽である」という世界を求めるあり方が起こってくる、つまり一方にずっと振れた針がまた昔に戻ってくるという部分と、両方あるのではないかという気がしています。

河合 そうなんですよ。やはり人間も生物で限界があるので、何かあまり変わったことはできない。例えば、繰り返すという意味で言えば、フロイトの頃にあったヒステリーは、もうなくなったと思われていた。ところが、90年代に解離性障害という形で戻ってきた。フロイトの頃のとは違うのですが、そういう繰り返しです。それこそファッションではありませんが、流行が繰り返すような感じです。

しかし、バイオロジカルな境界が意味を持たなくなってきているということは、1つあると思います。トランスセクシュアルとか、その要因がとても大きい。それがまた簡単に実現してしまう。「そういうことはやめろ」とか言われず、壁がない。「どうぞ」という感じで手術ができる。難しい問題だと思います。

鷲田 難しいですね。ファッションも、いい加減な面がほとんどじゃないですか。そもそも、ある年に、なぜ派手な明るい色がはやるのか。それ

がここまで長く続くと言っても、次のシーズンにはまた違うところへ行ってしまう。それは、実際のファッションの本当の意味での変化や時代感覚の変化ではありません。

　だから、人間の病についても、時代が今の苦痛や苦しみをどういう形にしているのかという時代分析は確かにすごく大事なのですが、他方で、ファッションの説明と同じような、「今はこういう病です」というような説明になってくると、ちょっと危ないなと思います。

河合　本当に時代の流れでそういう病気になる人と、ある意味、そういうディスクールに踊らされて、そのディスクールによって周りがそういう目で見ることによって病気になる人もいると思います。典型的な例は、発達障害だと思いますが。

鷲田　アダルト・チルドレンというのもあったような。

河合　うん、もうだいぶ古いけどね。

鷲田　古い（笑）。

河合　基本的に、鷲田先生の流行は古いのよ（笑）。

鷲田　いや、全然知らんもん。

河合　すみません。だけど、そのあたりは、やはり専門家としては見極めないといけません。ただ、どういう人に会っているかによって、違いは出てくると思いますが。

　そろそろ時間なので、ここで終わることにしたいと思います。鷲田先生、どうもありがとうございました。

鷲田　本当に、どうもありがとうございました。

伊藤良子（いとう・よしこ）………………………………………………………………………
京都大学大学院教育学研究科博士課程修了。博士（教育学）。臨床心理士。京都大学大学院教育学研究科教授を経て、現在、学習院大学文学部教授。京都大学名誉教授。専攻は臨床心理学。著書に『心理療法論』『心理治療と転移』『臨床心理面接技法Ⅰ』（編著）『心理臨床関係における身体』（共編著）『「発達障害」と心理臨床』（共編著）『身体の病と心理療法』（共編著）『遊戯療法と子どもの今』（共編著）など。

河合俊雄（かわい・としお）………………………………………………………………………
1957年生。京都大学大学院教育学研究科博士後期課程中退。Ph. D.（チューリッヒ大学）。ユング派分析家。臨床心理士。現在、京都大学こころの未来研究センター教授。専攻は臨床心理学。著書に『村上春樹の「物語」』『心理臨床の理論』『ユング派心理療法』（編著）『発達障害への心理療法的アプローチ』（編著）『思想家 河合隼雄』（共編著）『大人の発達障害の見立てと心理療法』（共編著）など。

論 文

研究論文

手談、爛柯、箱庭療法
思春期型不登校と遊ぶ

篠原道夫
東洋英和女学院大学人間科学部

1 思春期のサナギ

　思春期は、変わり目の時期である。子どもから大人への節目であり、不安定な時期である。この時期は、《サナギの時期》と呼ばれることがある（河合, 1992；143頁、および河合, 2000；52頁を参照）。サナギはイモムシからチョウへ変化する中間段階であり、同じように、思春期も子どもから大人への中間段階だからである。サナギの外観は、不活発にしか見えない。しかし、サナギの内側では、地を這うものから空を舞うものへの大きな変化が生じている。大きな変化は、不安定な状態を引き起こしやすい。サナギの殻は、この不安定さを保護する機能を果たしている。

　思春期の訪れの大切な指標は、《こもる感じ》の出現である。親や教師などの視点から見た場合、次のような特徴として具体的に現れてくる（河合, 2000；51-52頁を参照）。①無愛想になる、②無口になる、③体の動きが重くなった感じがする。そして、親の主観的な感覚としては、④お互いの間の気持ちの交流がないような感じがする。子どもがどこか他の世界に行ってしまったような感じを体験する親もいる。このような思春期の子どものこもる心性は、《思春期内閉》と呼ばれている（例えば、山中, 1978；204頁、および山中, 1996；177頁）。思春期内閉には、様々な程度がある。本人も家族も気づくことなく過ぎ去ることもあれば、文字通りに家に閉じこも

ってしまうこともある。このような閉じこもりが、思春期型不登校の中核群を占めている。この不登校は、サナギの殻の保護機能を果たしている。したがって、サナギ状態を尊重して待つことが、極めて大切である。そして、いかに待てるかが、心理的援助の鍵になる。ところが、この《待つこと》が極めて難しい。家族や教師などの関係者は、なかなか待つことができない。待つためには、専門的な見通しと暖かな人間関係を必要とする。

　思春期の不登校は、長期化しやすい。とは言え、終わらない思春期はない。不登校の生徒のほとんどは、学校に帰っていく。ただし、どのような形で《サナギ》を生きたかは、チョウの舞い方に反映されるだろう。例えば、①「怠け者」として白眼視され、針のむしろのような家庭でその時期を通過したのか？　あるいは、②狭いながらも深い心の居場所があり、サナギが温かく守られたのか？　そして、③自分でもよく分からないような深い心理についての理解者との出会いがあったのか？　この３つの場合は、その後の状態がそれぞれ違うだろう。①のような場合、祖父母から厳しく糾弾されるため、家にいることができない。とは言え、学校にも行けない。そのため、行く当てもないまま、母親の運転でドライブし続けざるを得ない羽目に陥った事例もある。焦ってサナギの殻を破き、変性状態のイモムシを引っぱり出したりしたら、チョウには変容できない。この殻破きを契機に、終わらない思春期が始まるかもしれない。②については、各自治体の運営する「適応指導教室」がたいへん機能している（例えば、篠原, 2008を参照）。また、スクールカウンセラーを活用して、別室登校の児童・生徒のための居場所作りも充実してきている。そして、③の場合こそ、心理療法家の担うべき機能である。外観からは動きがあるように見えないサナギの殻の前に立ち、心理療法家がどのように関わりうるのだろうか？　以下、事例を挙げてこの課題を検討してみたい。

　中学２年生の秋、ちょうど体育祭の頃より、Ｅ男は学校を休み始めた。朝、登校する前に頭痛が生じる。彼は体育の授業が苦手であった。また、体育祭や文化祭のように人前に出なければならない機会も苦手だった。そもそも、小学校５年生の頃から、苦手な日（つまり、体育の授業や体育祭・文化祭など）は、学校を休みがちであった。小学校５年生と言えば、

児童期の終わりの頃である。他方、中学 2 年生は魔の時である。14歳は、思春期内閉が最も顕著な形で現れやすい学年である。この頃にサナギの殻の中身が、ひょっこり顔を見せることもある。変性状態のサナギは、奇妙である（イモムシでもチョウでもない）。同じように、中学 2 年生は、奇妙なことをしでかすことがある。後から振り返った時に、どうしてそんなことをしたのかが、本人もよく分からない。これが世に言う"中 2 病"の本質だろう。

　E男は断続的に登校していたものの、10月半ばからまったく登校できなくなった。まず、母親が専門機関に足を運ぶ。親曰く、本人の性格は几帳面である。思いやりがあり、優しいところもある。消極的な性格であるものの、友人は多い。学業成績は振るわないが、算数・数学の教科を好んだ。母親は、健康的で穏やかな物腰の婦人である。ニコニコと微笑みが絶えず、悩んでいる様子が見受けられない。不安感・焦りなども、伝わってこない。家族の焦りは、本人の心理療法の妨げになりやすい。そのため、親子並行面接を設定して対処する必要も出てくる。しかし、何の焦りも生じないことが良い兆候とも言えない。不安と焦りは、エネルギーの表れでもある。したがって、そのエネルギーを活用できれば、本人と家族が変化するための駆動力にもなる。

　母親は、ある種の"カウンセリング慣れ"をしているようでもあった。なぜならば、E男以前に、長男も長期的な心理療法を受けていたからである。E男（次男である）とまったく同じように、中学 2 年生の頃に体調不良を訴え、不登校状態に陥る。家から外に一歩も出られなくなってしまう。やはり、14歳は魔の時である。この際、母親も兄と一緒に母子並行面接を受けている。兄の場合、高校進学と同時に、「なぜか」しら登校できるようになった。母親からみれば、E男の不登校は、いわば"第 2 ラウンド"であった。母親とは対照的に、父親は息子たちのことで苦悩を訴えている。苦悩が昂じて抑鬱状態を呈し、投薬治療も受けていた。そもそも彼は病弱気味で、時々、会社をまとめて休むこともあった。

　E男本人は心理療法の場になかなか登場しないまま、家の中に閉じこもった状態が続いた。ただし、一歩も家から出られないわけではなく、15時

半を過ぎれば家の外に出られた（つまり、彼は下校時刻を意識している）。
2〜3人の友人が彼の家を訪れ、連れだって遊びに出ることもあった。そんな状態が続き、彼が私の前に現れたのは、中学3年の秋、不登校状態が1年ほど経過してからのことであった。その頃には身体的症状（頭痛）はすでに過去のものとなり、学校に行けないという状態だけが残っていた。

　E男は、腕が細く、小柄だった。中学3年生の男子生徒には見えない（小学校高学年の児童のように見えた）。顔色は青白く、全体的に生気が感じられない。身体的な慢性疾患を患っているかのようにさえ見えた。髪はもっさりと伸び、漫画『ゲゲゲの鬼太郎』の主人公・鬼太郎のような髪型になっていた。彼の第一印象は、"うらなりヒョウタン"であった。面接室でのE男の態度は、おどおどしており、目も合わせられない。セラピストから顔を半ば背けている。質問には、はっきりと返答できない。そのため、沈黙状態に落ち込みやすい。私が〈何かしたいことはある？〉と誘うと、将棋盤の置いてある棚の方向に向き直り、「将棋！」と応える。思いのほかはっきりした返答が返ってきたことに、私は軽い驚きを感じた。これが彼との"手談"の始まりであった。それは、長い道程であった。

2　盤上遊戯

(1)　手談

　心理療法は、対話を基本とする。ところが、幼児・児童の場合、言葉での交流能力に限界がある。この限界に対処する必要から、遊びを媒介として交流する形の心理療法が考案された。したがって、遊戯療法とは、言葉を遊びで代用している心理療法と言える。鴈の代わりにガンモドキで作った料理のようなものである。とは言え、遊戯療法において、子どもは内的世界を豊かに表現する。それは、言葉よりも能弁であり、セラピストの心

に直に訴えかけてくる。遊戯療法の実践の積み重ねとともに、遊びの臨床的意義が明らかになっていった。例えば、Winnicottは、「心理療法は二つの遊ぶことの領域、つまり患者の領域と治療者の領域が重なり合うことで成立する」と指摘している。つまり、遊びは言葉の代用品ではなく、遊びこそ心理療法なのである。彼は、「精神分析は、自己と他者とのコミュニケーションのために、遊ぶことを高度に特殊化させた形態として発展してきた」とまで述べている（Winnicott, 1971/1979 ; 53–58頁）。遊戯療法は特殊形態ではなく、むしろ心理療法の本質的部分なのである。

　幼児・児童には、遊戯療法がたいへん有効である。しかし、思春期のクライエントは、小学生のようなボール遊びをしないし、刀を振り回してごっこ遊びに興じられない。砂場で川を作り、バケツで水を流し込み、汗だくになることがない。かと言って、言葉で対話する形の心理療法にスムーズに乗れるわけでもない。思春期の心理療法は、言葉と遊びの中間的な形をとらざるを得ない。この中間的な形を模索して、交互スクイブルやMSSMなどの描画や、コラージュなどの机上での創作活動が活用されている。女子生徒の場合は、ビーズ・刺繍・編み物などの手芸も活用されている。

　E男の選んだ将棋などの盤上遊戯も、このような中間的な形と言えるだろう。幼児・児童の遊戯療法ほどに退行する危険性がない。"手談"とは、囲碁の雅名である（大室, 2004 ; 19–20頁）。例えば、菅原道真は、「手談幽静処（手もて談らふ　幽静の処）」で始まる漢詩「囲碁」を残している。囲碁のゲームとは、手による談話なのである。囲碁だけでなく、将棋・オセロ・チェスなどの盤上遊戯全般も手の対話と言えるだろう。E男は寡黙・訥弁であったが、彼の手談は能弁であった。何かを手に握ると、普段とは別な人格的側面が顕わになることがある。例えば、普段は物静かな人物が、テニスコートでは対戦相手を圧倒する積極性を見せることがある。また、普段は口下手であり、あまり自発的に発言しない人物が、極めて激しい内容の手紙（最近では、電子メール）を送りつけてきて、びっくりさせられることがある。逆に、普段は乱暴な物言いをする人物が、とても繊細な字をしたためることもある。あるいは、普段は礼儀正しい人物が、荒

い運転をするスピード狂であることもある。ラケット、筆、ハンドルが、日頃は隠れている人格的側面を引き出しているのである。E男の場合、攻撃的側面が顕わになった。将棋の駒を手にしたE男は極めて積極的であり、セラピストに向かってきた。私は、その積極さに好感触を持った。なぜならば、攻撃性はある種のエネルギーの存在の証だからである。そして、それは変化するための原動力にもなる。

　同時に、手談は、E男の問題点も明らかにした。E男は直線的に駒を押し上げてくる。そのため、激しい攻め合いが生じる。ただし、E男は、自陣を守ろうしない。そのため、彼の陣地はスカスカとなり、ガランと空洞化してしまうのである。彼の持ち駒は、常に前へ前へ貼られて、手元に保持されない。防御しつつ攻めることができない。攻められれば、その局面をあっさりと捨ててしまう。そして、別な局面を攻めるのである。王への攻撃に対してだけは、王を逃がす形で対処する（対処しなければ、そこでゲームオーバーなので）。セラピストからの攻撃に切れ目ができた場合も、守りを固めることなく、前へ前へ駒を進める。たとえ後手であっても、E男はまったく守らないのである。ともかく攻撃だけの一本槍であり、防御しないのである。例えば、彼の《角》の目の前に、私が《歩》を進める。しかし、E男は、一切、この《歩》に応対しようとしない。《歩》は彼の陣地に入り、《角》はあっさり献上される。言うまでもないことかもしれないが、《歩》は歩兵であり、一歩ずつしか前に進めない（9枚あり、捨て駒に使える）。対照的に、《角》は足の長い駒である（左上・右上・左下・右下の4方向、つまり斜め45度に自由に進める）。また、貴重な駒でもある（1枚しかない）。

　E男は積極的であり、速いテンポで接近してきた。通常、駒と駒が出会えば、お互いの関係の中で次の手が決まる。選択肢は、必然的に狭まるはずだ。ところが、E男は、セラピストとの出会いを無視し、自分の道を邁進するのみなのである。"手談"が対話の手段だとしたら、E男の手談は一方的な発言であり、対話ではなかった。一方的にまくしたてるスタイルであった。私からのアプローチ（攻撃）には、まったく無反応である。"暖簾に腕押し""糠に釘"の状態である。あまりの手ごたえのなさのため、

私は前に出ること（攻撃）を控え、引いて守ることに専念した。具体的には、王を盤上の隅に囲って引きこもった。つまり、E男を迎撃するスタイルをとったのである（まったく攻撃しないわけではなく、カウンター攻撃はしかけていた）。心理療法の序盤では、攻撃側（E男）と防御側（セラピスト）の役割関係が固定的であり、一方的にまくしたてる人と傾聴する人という"手談"の構図ができあがった。

(2) 縦から斜めへ

心理療法と将棋との関係性について最初に言及した人物は、Freud であるだろう。彼は、精神分析療法をチェス（すなわち、西洋将棋）に喩えている（Freud, 1913/1983；87-107頁）。チェスのコーチ本には、序盤と終盤についてしか解説されていない。中盤の駒運びは、説明できない。同じように、分析技法の中盤は解説できないが、序盤なら解説できる。と言う理由で、彼は、論文「分析治療の開始について」を書いた。彼によれば、中盤についてできることは、対局の実例についての研究だけである。したがって、事例研究が、心理療法の中盤を学ぶための唯一の手段なのである。事例研究の意義は、今日でも失われることはない。

Freud は将棋の素人だから、彼の喩えは素人の思い込みに過ぎないかもしれない。しかし、玄人も、将棋に正解はないと述べている。例えば、棋士・谷川浩司は、序盤・中盤に答えはないと述べている（河合・谷川, 2008；88頁）。その理由は、「同じ局面で同じ手を指しても、相手に持つ意味が違う」からである。まったく同じ局面で同じ位置に同じ駒を置いても、誰が置いたかで意味が異なる。また、誰に対して置いたかで意味が異なる。つまり、関係性が介在してくるのである。例えば、対戦相手が攻撃的でトリッキーな棋士の場合と手堅い棋士の場合では、たとえ同じ一手であっても、こちらの受ける印象は異なる。そのため、違う展開が導かれるのである。谷川は、「相手の個性を考え」て指さなければならないと述べている。同時に、相手も谷川の個性を織り込んで駒運びしている。個性と個性の出会いによって、将棋の展開は生じる。同じように、心理療法も、個性と個

性の出会いである。Freud は、「技法の機械化」を完全に拒否した（Freud, 1913/1983；87頁）。なぜならば、精神分析の本質が出会いだからである。ちなみに、彼は序盤にはある程度の定石があると考えていた。将棋にも、定石があるはずだ。ところが、谷川は、序盤ですら正解なしと主張している点で、よりラディカルだ。

　中井（1995；105-112頁）も、精神科治療の本質と将棋との関連性を明らかにしている。彼は、治療の本質は科学ではないとした上で、「治療とは、人間が存在と将棋をさす場合の一つ」である、と指摘している。ここでの「科学」という術語は、因果的に説明できるものという意味で用いられている。彼によれば、発病過程は因果律で語り得るし、「原因」すら取り出せる。ただし、治癒していく過程は、発病の過程を逆行することではなく、因果律で説明できない。発病過程と治癒過程の異質さが強調されている。他方、将棋も、因果律で説明できる科学ではない。例えば、将棋を数学に還元できない。将棋は数学ではなく、むしろ芸術である。中井は、将棋は「可能性の芸術」であると指摘している。将棋の棋譜は、ルールに沿った形で「創造」されているからである。E男は、学校の教科科目の中で算数・数学を好んだ。そして、将棋では、人間（この場合、セラピスト）の存在を無視したかのような駒運びをしていた。彼は、自分という存在を「科学」的に生きようとしていたのかもしれない。そして、そんな生き方は、機械的であり、創造的でなかったのだろう。個性と個性が出会うからこそ、そこに創造も生じるのである。

　E男の将棋の特徴は、積極的だが厚みがないことである。駒と駒が重層的に連合せず、前へ前へと突いて出るだけである。例えば、《飛車》で直線的に突っ込んでくるものの、バックアップする駒がない（ちなみに、《飛車》は、縦横に足の長い駒である。上下左右の4方向に、自由に進める。《角》と同様に1枚しかない貴重な駒である）。彼の攻め方は、"神風特攻隊"のような印象を与えた。命がけで突撃してくるものの、敵軍の空母まで届く前に撃墜されていたのである。

　ところが、3カ月ほどしてから、《角》と《桂馬》のジグザグな動きが表れ、攻撃が多彩になり始める。《角》は斜めに足が長い駒である。また、

《桂馬》は、やや変則的に進む駒である（《桂馬》は、２つ前方の升目に隣り合った左右どちらかの升目に進める。つまり、斜め60度前方へ進む足を持っている）。直線的な動きの中に、斜めの動きが生じた。時として、セラピストが将棋に負けることもある。Ｅ男も、勝利に喜ぶ。良い展開に納得できた時は、「よし！」と声を上げることもある。そもそもＥ男の感情の表出そのものが少ないので、そのような表出そのものが好ましく感じられた。

　半年過ぎた頃から、Ｅ男は簡単に仕掛けてこなくなる。そろりそろりと距離を詰めてくる。仕掛けてくるモーションをかけておいて、駒を引くことすらある。出会った頃のＥ男とは、対照的である（その頃の彼は、スタートと同時に一目散に突撃してきていた）。Ｅ男と私との関係性に、《間合い》というものが生じたのである。また、セラピストの防衛線の一点に焦点を合わせ、突撃態勢を整える。《飛車》で縦に突いてこず、むしろ《角》を主とした斜めの攻撃に変化していった。他方、セラピストは、王を盤面の隅に囲わなくなった。正確に言えば、Ｅ男の攻撃に厚みが出てきたため、易々と囲い込む余裕がなくなったのである。

　２度目の春（面接開始後１年半、＃65の頃）が来て、Ｅ男は、セラピストの駒の動きに対応した攻撃をするようになる。また、セラピストの攻撃を受け止め、押し返すようになる。駒と駒があって伯仲し、力の均衡が生じることもあった。その結果、縦に突く鋭さが減少し、《角》と《桂馬》を絡ませた仕掛け方をしてくる。２年が経過した秋の頃、Ｅ男は防御をするようになる。自陣の防衛線が崩れれば、《歩》を張って補修することもあった。そして、隙がない。とても粘りがあり、柔らかい攻撃をする。

　将棋の盤は、縦横の升目の世界である。この升目の世界は、杓子定規な硬い世界と言えるだろう。当初のＥ男は、升目の世界において縦にばかり直線的に動いていた。彼の性格は、几帳面な強迫性格をしている。この強迫性は、《縦》の動きに表れていた。その後、"手談"を重ねる中で、彼の世界に《斜め》が出現する。斜め（つまり、《角》）を見殺しにしていた男が、それを生かすようになったのである。彼の打法は、斜めを主としたジグザグの動きに変化した。この《縦》から《斜め》への変化が、彼の攻撃

に粘りと柔軟性を生んだようである。そして、将棋は、相互作用に変化した。"手談"は、一方的発言から対話へ変化したのである。

(3) 爛柯

"爛柯"も、囲碁の雅名である（大室, 2004 ; 20-22頁）。この雅名は、『述異記』に収められた中国の伝説に基づいている。『述異記』は、梁の頃（502〜557年）に任昉が編んだ奇譚集である。くだんの伝説は、以下のような物語である。

> 晋の時代（265〜420年）、王質という男が木を切りに山に入る。すると、数人の子どもが歌いながら、碁を打っているところに出くわす。観戦を始めた彼は、子どもたちから棗の種のようなものをもらう。それを食べていると、空腹を感じなかった。しばらくして、「どうして帰らないの？」と子どもに問われ、王が席を立つ。持参した斧をみると、どうしたわけか柄（柯）がボロボロに腐って（爛って）いた。山から降りて、村に帰ってみると、すでに家族や知人は死去していた。遥か昔に山に入って戻ってこなかった男がいた、という言い伝えだけが残っていた。

この類話はたくさんあり、老人が碁を打っている場合が多い。その老人の正体は北斗星であったり、南斗星であったりする。つまり、神と神が遊んでいるのである。王質の物語における子どもたちも、ただの子どもではなく、神童であったのだろう。歴史人類学者・大室幹雄は、碁の起源は神のものであり、碁の遊びは「神々の顕現する聖所であり神々の遊びであった」と指摘している（2004 ; 8頁）。神々の世界は、日常の世界と時間の流れが異なる。盤上の営みには、この世の出来事が圧縮されている。一手一打が、1年から10年の時間に相当している。その結果、王は、ちょうど浦島太郎のような目に会っている。帰還した浦島は、日常の時間の流れと竜宮城での時間とのギャップに直面させられる。海の底での1年は、浜での

数十年に相当していたのである。上述の通り、E男の"手談"は、盤上でたしかに変化した。その変化は、縦から斜めへの変化として要約（圧縮）できるものの、極めてゆったりしたものであった。E男と私が「神々の遊び」に興じているうちに、秋・冬・春・夏・秋・冬・春・夏と季節が２周してしまっている。王の轍を踏んで浦島状態に陥らないためにも、E男の日常の時間の流れを辿り直してみたい。

　E男と出会って半年が過ぎて、春になる。日本の義務教育では、中学校に通った生徒も通わなかった生徒も、平等に卒業させてもらえる。E男は、通信制高校に籍をおくことになった。ただし、高校のスクーリングには、まったく参加できない。私は、日常生活について話題にしようと何度も試みた。しかし、E男は質問に答えられない。頭を垂れ、うつむき、沈黙状態に陥りやすい。曖昧にうなずく程度の反応しか得られなくなってしまう。この沈黙は、セラピストへの反抗ではない。彼が質問に答えようとしているのか、答えたいのだが答えられないでいるのか、判然としないままに時間が流れる。その間、私の発した質問は、届け先不明の手紙のように、空中を彷徨（さまよ）っている。そこで質問を重ねれば、セラピストから一方的に詰問しているような雰囲気に陥りやすい。思春期型不登校の臨床においては、内閉を尊重し、《待つこと》が大切であると強調されてきた。それは、本論の冒頭でも、論じた通りである。私自身も、その意義を重々承知しているし、保護者・教師などの関係者にその意義を説いてきた。ただし、《待つこと》はやはり難しい。"貴重な時間が浪費されているのではないか"という不安と焦りが、何度となく私の胸の中を去来していた。あたかもベタ凪の海を前にして佇んでいるような心境であった。"いつか水平線の向こう側から何かが現れるのでないか"という期待を抱き、あるいはその希望を失わないように努めながら、ひたすら海を眺めていた。浦島の母も、同じような気持ちだったかもしれない。彼女も、浜辺で太郎の帰りを待っていたはずだ。

　E男の日常における変化は、ゆっくりとしたものであった。高校１年生の夏頃、E男の顔つきに青年の雰囲気が現れる（「小学校高学年」風ではなくなった）。１年が過ぎた晩秋、工場でアルバイトを始める。小規模で

家庭的な職場環境であり、E男を含めて4人しか従業員がいない。ごく短時間のアルバイトであるが、毎回、単純な作業に勤める。休むこともなく勤務して、重宝がられる。E男に社会的活動の場ができたことは、内閉状態から一歩踏み出したことを示している。したがって、望ましい変化であるだろう。ただし、欠勤することのないことは、少し一本調子な印象を受ける。E男は、心理療法のセッションも、同じように休まなかった。大雨の日ですら、全身ビショビショに濡れながらも来談した。このような来談姿勢は、E男の熱意の表れと受け取るべきかもしれない。しかし、一本調子で直線的な強迫性ともとれた。

　2度目の冬（面接開始後1年4カ月、#57）の頃、髪型に変化が表れる。髪を伸ばして、お洒落にウェーブさせている（「鬼太郎」風ではなくなった）。春を迎え、髪を茶髪にする。服装にも変化が生じ、爽やかな装いで来談する（特に、縦のストライプのシャツが目に鮮やかであった）。全体的に明るい雰囲気になり、若者らしい外見に変貌する。このようなE男の外観の変化は、彼の内面の変化を反映しているだろう。装いや髪型は、時に、社会的な姿勢・構えを示している。例えば、かつての日本社会では、子どもと大人では髪型が異なっていた（つまり、元服すれば、髷を結った）。また、既婚女性と未婚女性では髪型・服装が異なっていたし、出家すれば髪を剃った。私は、"手談"の変化にある程度の手ごたえを感じていた。その手ごたえ感が、装い・髪型の変化でも確認できたように感じられた。

　2度目の夏（面接開始後1年8カ月、#75の頃）には、原動機付き自転車の免許を取ろうと試みる。アルバイトで月に数万円の収入があるため、小型バイクを手に入れよう思い立ったようである。しかし、秋までに3度受験して、いずれも不合格であった。自分で自由になるお金を稼ぐことは、大人への一歩である。そのお金で、免許を得ようとした点は、大切なことである。免許証は、身分証明証（IDカード）の代わりになる。つまり、"自分は何者か"というアイデンティティを示す機能を持っている。したがって、免許獲得の試みは、不首尾に終わったものの、アイデンティティを模索する気持ちの表れだったのかもしれない。

3　箱庭療法

(1) ミクロ・コスモス

　遊戯療法では、プレイルームの中で子どものファンタジーが展開し、セラピストもその世界に立ち入り、そのファンタジーを生きる（例えば、篠原,2005を参照）。そこに、遊戯療法の醍醐味があると思う。他方、箱庭療法は、テーブルの上で遊ぶ技法である。それも、砂箱の内側で集約的に遊ばれる。このように集約される点で、箱庭療法と盤上遊戯は共通している。河合は、箱庭療法と将棋の類似点として「自分の内側にある世界が、小さなスペースの中で全部表現される」という性質を指摘している（河合・谷川,2008;126頁）。爛柯の民話にみられたように、"神々の遊び"としての囲碁の盤面には、この世の出来事が圧縮されて表現される。いわば、マクロ・コスモスが盤面に集約される。同じように、箱庭の中は、クライエントのミクロ・コスモスが集約的に表現される。その中に作成者の人となり、その人の本質が表れてくる（あるいは、引き出される）。箱庭とは、ある種のコスモスである。

　3度目の春（面接開始後2年半、#104）が来て、E男は箱庭を初めて作った（**写真1　箱庭1**）。私から箱庭に誘ったものの、彼は玩具棚から距離をとりつつ眺めている。いつもの重苦しい空気が流れ、かなり間が生じる。面接室の中をウロウロしていたE男が、「どういう風に（箱庭を作るのですか）……？」

写真1　箱庭1

と確かめる。私が〈何か好きなもの（玩具）はあった？〉と応じると、E男は、兵士、ネイティブアメリカンなどの戦闘的な人形の棚を指し示す。私は、〈一度、（好きなものを）置いてみればイメージも湧いてくるし……、"何が足りないか"も浮かんでくるものだよ〉と勧める。「戦争みたいにしたい」と述べつつ、彼は兵士を右手前に置く。カーキ色の戦闘服を着た6人の兵士を並べる。次に、グレー色の戦闘服を着た5人の兵士を左奥に並べる。2つのグループは、向き合っている。グレーの兵士のグループの前に、針葉樹を横並びに置く。E男はこの針葉樹の列を追加していき、「森」ができあがる（4列ほどで構成されている）。

それから、E男は、右奥にネイティブアメリカンのグループを並べる（馬に乗ったネイティブアメリカンも並べたものの、途中で取り除く。最後には、8人が残る）。対称的に左手前には、カウボーイのグループ（8人）を並べた。この2つのグループも、中央の森を挟んで向き合っている。つまり、四方から森は、取り囲まれた状況になる。自然に広がった森というよりも、人工的に配置された幾何学的な森に見える。この森によって、4グループが分断されているようにも見える。他方、4グループのパワーが中央に集中し、魔方陣を形成しているようにも見えた。また、この森は、碁盤の目のようである（この森は、長方形をしている）。森を挟んだ両側の兵士たちは、将棋盤を前にして並んだ駒のようにも見える。

まだ完成には至っていないようであったが、ここでセッションの時間切れとなる。E男は、この未完成作品について、「基地になるもの」が足りないとコメントした。

E男は、翌回にも箱庭を作った（**写真2　箱庭2a**）。今度は、スムーズに着手する。箱庭1は、いわば"習作"だったようである。まず、砂

写真2　箱庭2a

箱の四隅に民家を配置する（右手前→左手前→左奥→右奥の順で、時計回りに配置する。その後の作成においても、この順序で四隅を構成する）。前回同様に、左奥の家の前に針葉樹を横並び一列置く。今回の作成スタイルは、前回よりも大胆である。例えば、針葉樹を籠ごと持ってきて、どんどんと並べる。前回同様の「森」ができあがる。

　四隅の家を柵で囲う。砂箱の隅を利用しているので、柵を2つずつ置けば、きれいに囲まれる。これが、前回には足りなかった「基地になるもの」なのだろう。次に、兵士を配置する。兵士の割り振り方は、前回と同じである（すなわち、右手前＝カーキ色の兵士、左手前＝カウボーイ、左奥＝グレー色の兵士、右奥＝ネイティブアメリカン）。それぞれのグループは5人で編成されている（右手前のグループだけが、例外的に6人編成である）。柵の内側に1人ずつ配置され、その人物がグループリーダーのようである。柵の外側には、縦と横の方向に2人ずつ配置される。例えば、右奥の隅のネイティブアメリカンのグループは、左に向けて2人、手前に向けて2人配置される。シンメトリックに4分割された幾何学的な配置である。

　この辺りで一旦完成した様子が見受けられたものの、そこから、E男は、兵士たちを動かし始める。まず、カウボーイのグループが森の中へ進出し、カーキ色の兵士たちにかなり接近する。他のグループのメンバーも移動し、グループ間が接近し合う。最後に、馬に乗ったネイティブアメリカンとカウボーイを森の中に置く。砂箱の中央で、2騎が斜めに対峙している（**写真3　箱庭2b**；左手前より撮影）。ここで、「完成しました」と振り返り、セラピストに笑顔を見せる。かなり集中した時間となった。

　E男は、作成内容につ

写真3　箱庭2b

いての感想らしきもの（説明なり、連想なり）を自発的には述べなかった。セラピストが4グループの中から"自分のグループ"を選ばせると、E男は左奥のグレーの兵士のグループを指した。

(2) 4人で将棋

　箱庭は2セッションにわたって2つ作成されたが、その本質は同じである。前述の通り、箱庭1は"習作"であり、箱庭2が「完成」した作品である。E男は、対人的な緊張が高い。そのため、箱庭1の作成において、E男が最初に人間を置いたことは、少々、意外な出来事であった。箱庭療法にも、手で語るという側面がある（例えば、Pattis-Zoja, 2004を参照）。E男は、"手談"において能弁だったように、箱庭療法においても能弁だったようである。その箱庭において「戦争」を作成したことは、将棋の本質が戦争であることと結びついている。

　箱庭2の作成は、2段階に分かれている。第1段階で、シンメトリックな配置が形成される。4グループの兵士は、縦・横に方向づけされて配置された（縦と横の方向のグループは見えるが、森の向こう側のグループは見えない）。第2段階で、兵士が動き出し、相互作用が始まる。このようなシンメトリックなスタート状態が、将棋のスタートと同じである。E男の箱庭が将棋とパラレルならば、中央の森は将棋の盤面であり、交戦する兵士は将棋の駒であるだろう。この兵士たちの戦いは、中央の森を斜めに横断する形へ行き着く。そして、2人の騎馬兵は、森の中央で出会えている。この《斜め》の動きが、とても大切である。なぜならば、E男の将棋の打法が《縦》から《斜め》へ変化したこととパラレルだからである。この兵士の動きは、いわば《角》の動きである。そして、《斜め》に動けたからこそ、出会いが生じたのである。また、この《斜め》の動きは、騎馬兵の形で表わされている。つまり、馬という本能的表現を伴っている。E男の内的世界では、心の本能的部分が乗りこなされつつあるのだろう。例えば、Freudは、イドと自我の関係を馬に対する騎手との関係に喩え、「馬は動くためのエネルギーを供給し、騎手は目的地を定め、馬という強い動

物の動きを御する特権を持っています」と指摘している（Freud, 1933/1971；449–450頁）。このような内的世界の動きは、外的世界にも顔を出している。例えば、E男が小型バイクの免許を取得しようとしたこと（頓挫してしまったが）は、本能的エネルギーを統合しようとする試みであったのかもしれない。カウボーイにとっての馬は、現代のバイクと言えるだろう。このように、E男の箱庭は、将棋を通した心理療法過程のサマリーであったようである。

　箱庭と将棋は、とても似ている。ただし、箱庭は1人で作り、将棋は2人で戦う、という点では異なる。箱庭の作成は、創造的過程である。将棋の戦いも、2人で棋譜を創造するという点では、創造的過程である。棋譜の創造過程は、2人の共同作業である。他方、箱庭というコスモスは、クライエント1人で作成される。ただし、そこに立ち会うセラピストとの共同作業という側面もみられる。なぜならば、立ち会うセラピストの器量によって、異なるコスモスが表れるからだ。E男の箱庭は、4つのグループが戦っている。面接室には、彼と私の2人しかいなかったはずだ。しかし、心理学的には4人いたのかもしれない。第1人物は、もちろんE男自身である。彼は不登校であり、極めて寡黙な人物である。ほとんど積極的な動きをみせない。第2人物は、彼のセラピストとしての私である。その私は、"時間の浪費"に関する不安と焦りを感じており、時々、E男を詰問しているような雰囲気を作り出していた。第3人物は、駒を握っているE男である。彼は、極めて攻撃的で、直線的に向かってくる男である。第4人物は、盤上の隅に引きこもり、迎撃に専念する私である。第1人物と第2人物の関係性は、第3人物と第4人物の関係性において逆転している。盤上のコスモスでは、逆転した関係性が生じていたのである。そして、このコスモスの中で、治療者は引きこもり（つまり、不登校）という事態を生きた。他方、E男は攻撃性を生きた。彼は攻撃によって、引きこもりという事態を打破しようとしていた。このように、セラピストとクライエントの心理は、クロスオーバーしていたのである。

(3) 空間的象徴

　以上のように、箱庭における「戦争」は、E男と私の関係性（転移関係）の観点から意味づけることができる。他方、このコスモスはE男が作成したのだから、それぞれの部分のすべてがE男の内的世界の一部とみることもできる（つまり、「主体水準」の観点からも理解できる）。E男の内界では、部分と部分の活発な相互作用が生じていたようである。彼の内界は、4つの部分（グループ）に分けて表現されている。その4つのグループは、右手前・左手前・左奥・右奥に分けて配置された。このように明確に分かれた配置がなされた場合、それぞれの空間的配置が象徴性を孕んでいる節がある。つまり、4つのグループそれぞれの特徴は、空間象徴の観点から意味づけられるかもしれない。

　右と左、上と下には、常に象徴的意味性がある（箱庭における上・下の象徴性の意義・限界については、篠原, 2011を参照）。左右の軸と上下の軸で空間を分ければ、右手前・左手前・左奥・右奥の4象限が生じる。その結果、それぞれの象限は、右と左の象徴性と上と下の象徴性を掛け算した象徴性を孕むことになる。例えば、Ammann（1991；47-49頁）は、4象限の象徴性を以下のように整理している。①右手前は、外的母親との関係性の領域（アタッチメント、身体イメージなどに関連している）、②左手前は、無意識的な本能の領域（"大洋"としての無意識の創造性と危険性に関連している）、③左奥は、スピリチュアルな内的世界の領域（宗教性と関連している）、④右奥は、外的父親との関係性の領域（学校や仕事などと関係している）。E男は、4つのグループをちょうど4象限に分けて配置した。そして、"自分のグループ"として左奥のグループを選んだ。Ammannの整理に従うならば、左奥の選択は、彼の意識に近い部分がスピリチュアリティへ傾斜していたことを示唆している。確かに、E男が数学を好んだことは、具体性よりも抽象性へ傾いていることの表れである。例えば、Hillman（1996/1998；128頁）は、見えないものと見えるものの架け橋として、数学と音楽と神話の3つを挙げている。方程式は、具体的な世界からスピリチュアルな世界へ飛翔するための仕掛けなのである。そも

そも、将棋の駒は、箱庭の兵士よりも高度に抽象化されている。また、彼の軸足が社会的場面よりも内的世界にあることは、不登校というあり方そのものとも一致している。同じ不登校でも、何とかして学校にしがみつこうとして、あくせく動き回るタイプもいる。対照的に、E男も彼の母親も、あっけないくらい学校へ執着しなかった。E男の自我がスピリチュアルな内的世界に生きていたからだろう。

　E男の意識から遠い部分（右手前・左手前・右奥の3グループ）にも、活発な動きが見られる。特に大きな動きは、森を横断する《斜め》の動きである。カウボーイが、左手前から右奥へ向けて馬を走らせている。再び、Ammann の整理に従うならば、左手前から現れるものは身体的・本能的エネルギーを示唆している。そして、その動きは、学校などの外的世界を目指している（つまり、右奥へ向かっている）。Ammann は、このような左手前から右奥への動きが青年期の箱庭療法にしばしば出現する、と指摘している（Ammann, 1991）。青年期の本能的エネルギーは、外的世界で生かされる必要があるし、外的世界と出会わなければならない。E男の箱庭においても、右奥から左手前へ向けてネイティブアメリカンが馬を走らせている。馬に乗ったカウボーイとネイティブアメリカンは、中央で出会おうとしている。E男の自我はスピリチュアルな世界に飛翔し、「神々の遊び」に興じている。外的にはほとんど変化がみられない時間が流れていた。しかし、彼の内界では、本能的エネルギーが確かに動いており、外的世界へ向かっていたのである。

4　サナギの終わりに

　その後、私が箱庭に誘っても、E男は応じることはなかった（例えば、ニコニコしながら首を傾げた）。彼の装いはより華やかになり、髪に赤い色を入れてくることもあった。将棋では、力と力が伯仲し、高密度の均衡

状態が保たれるようになった（以前ならば、すぐに駒を食い潰し合って、広い空白が生じていた）。この伯仲は、E男が大急ぎで突入しようとせず、準備態勢をたっぷりとるために生じている。また、私のアプローチを予測して、防御している節がある（以前の彼ならば、最低限の対処しかしようとしなかった）。E男との将棋は相互的になり、キャッチボールになったのである。

　4度目の冬（面接開始後2年3カ月、#135の頃）、E男が珍しくセッションを休む。「胃の具合が悪い……」「もたれる……」と言葉少なく説明してくれる。彼は、ここまで体調を崩すことがほとんどなかった（キャンセルそのものが、ほとんどない）。その後、「（胃が）ズキズキ」するようになり、胃カメラなどの検査をしたり、服薬したりする。結果的には、身体的な異常が認められなかった。そして、また春がきて、E男はぱたりと姿を見せなくなった。驚いたことに、彼は就職していた（E男の代わりに、母親が知らせてくれた）。次の冬、「元気で働いています」としたためた便りがE男から届いた。

　不登校の始まりで、体調不良を訴える場合が多い。例えば、頭痛、腹痛、吐き気などの身体的症状を訴える。しかし、《不登校なるもの》として自他ともに認め、それを受け入れれば、このような身体症状は背景へ後退するものである。《サナギ》の状態とは、ある種の安定状態である。サナギの殻に包まれ、外的世界から疎隔され、内側の活動は見えなくなる。このようなサナギ状態の入り口と出口では、不安定となりやすい。E男の場合も、不登校の始まりで頭痛が生じたし、その終わりで胃腸障害が生じた。このような身体症状は、イモムシ→サナギ→チョウという段階的変化の節目で遭遇する不安定さの表れである。

　生身の人間は頭だけで精神性を生きているわけではなく、手足と腹という物質性も生きている。だから、腹が減り、三度三度の食事をとらなければならない。他方、神々の世界では、腹も減らないようである。例えば、『述異記』の伝説では、王質は空腹を感じないまま、神々の遊びを観戦している。正確に言えば、神童からもらった棗（なつめ）の種だけを食べている。100年以上もの時間が流れたにもかかわらず、この種だけで事足りている。

"異界で供されたものを食べてしまうと、日常に戻れなくなる"という神話の法則がある。ギリシャ神話では、ペルセポネーの食べた柘榴の実が有名だ。浦島の場合も、竜宮城での食事を固辞すれば、悲劇を避けられたかもしれない。また、王質も棗の実を受け取らなければ、空腹を感じ、家路につけたかもしれない。E男の場合、神々の遊びを止め、スピリチュアルな世界から日常的世界に回帰する際に、身体という物質性を取り戻す必要があったようである。しばらく走らせていなかった自動車のエンジンはかかりにくい。同じように、E男の胃袋のエンジンがかかりにくかったようであるが、胃腸障害は自然に消失した。

文　献

Ammann, R.（1991）: *Healing and Transformation in Sandplay: Creative Processes Made Visible*. Chicago: Open Court.

Freud, S.（1913）: Zur Einleitung der Behandlung. *GW* 8.（小此木啓吾訳（1983）：分析治療の開始について．フロイト著作集第9巻．人文書院．87-107.）

Freud, S.（1933）: Neue Folge der Vorlesungen zur Einführung in die Psychoanalyse. *GW* 16.（懸田克躬・高橋義孝訳（1971）：精神分析入門（続）．フロイト著作集第1巻．人文書院．386-536.）

Hillman, J.（1996）: *The Soul's Code: In Search of Character and Calling*. New York: Random House.（鏡リュウジ訳（1998）：魂のコード．河出書房新社）

河合隼雄（1992）：子どもと学校．岩波新書．

河合隼雄（2000）：おはなしの知恵．朝日新聞社．

河合隼雄・谷川浩司（2008）：「あるがまま」を受け入れる技術──何もしないことが、プラスの力を生む．PHP文庫．

中井久夫（1995）：家族の深淵．みすず書房．

大室幹雄（2004）：囲碁の民話学．岩波現代文庫．

Pattis-Zoja, E.（ed.）（2004）: *Sandplay Therapy: Treatment of Psychopathologies*. Einsiedeln: Daimon.

篠原道夫（2005）：境界例と遊戯療法．織田尚生編著：ボーダーラインの人々．ゆまに書房．277-306.

篠原道夫（2008）：適応指導教室の意義──サナギとしての不登校．馬場謙一・松本京介編著：スクールカウンセリングの基礎と経験．日本評論社．268-278.

篠原道夫（2011）：箱庭療法の物理的問題．東洋英和女学院大学心理相談室紀要, 14, 26-35.

Winnicott, D.W.（1971）: *Playing and Reality*. London: Tavistock Publications.（橋本雅雄訳（1979）: 遊ぶことと現実. 岩崎学術出版社）
山中康裕（1978）: 少年期の心. 中公新書.
山中康裕（1996）: 臨床ユング心理学入門. PHP新書.

● 要約

「手談」とは、囲碁の雅名である。将棋・オセロ・チェスなどの盤上遊戯も手の談話と言えるだろう。本論文では、内閉状態にあった思春期男子との心理療法過程を報告した。クライエントは受動的でほとんどものを語らなかったが、将棋だけは積極的に遊んだ。彼は寡黙であったものの、彼の手談は能弁であった。手の談話の変化を詳細に検討し、盤上遊戯の臨床的意義が明らかにされた。「爛柯」も囲碁の雅名である。この雅名の起源となった中国の伝説によれば、囲碁の起源は「神々の遊び」である。神々の遊びには、この世の出来事が圧縮されて表現される。いわば、マクロ・コスモスが、囲碁の盤面に集約される。他方、箱庭療法にも、手で語るという側面がある。また、砂箱の中は、クライエントのミクロ・コスモスが集約的に表現される。臨床素材における手談の経過と箱庭表現の比較によって、2つの「手の談話」の共通性と異質性が論じられた。

キーワード：内閉、盤上遊戯、神々の遊び

Talking with Hands, Decayed Handle and Sandplay Therapy: Playing with School Refusal of the Pubertal Type

SHINOHARA, Michio

Faculty of Human Sciences, Toyo Eiwa University

"Talking with Hands" is an elegant pseudonym for the game of go. The board games such as shogi, *Othello* (reverse), chess also seem to be considered as dialogues with hands. In this paper, a psychotherapeutic process of a pubertal boy secluding himself from society was described. He was passive and almost mute, but actively committed himself to playing onely the game of shogi. On the one hand he was taciturn, on the other hand his "talking with hands" was eloquent. On close examination of changing way of his dialogues with hands, clinical significances of board games were clarified. "Decayed handle" is another pseudonym of go. According an old Chinese legend which that pseudonym was derived from, the origin of go is "play of gods". The play of gods condensedly represents what is going in our daily life. As one say, the macro-cosmos is summarized on the board of go. Sandplay also has a dimension of talking through hands. And, client's micro-cosmos is summarily represented in a sand box. Comparing the process of "talking of hands" with sandplay pictures of the clinical material, homogeneities and heterogeneities of the two dialogues of hands were discussed.

Key Words: seclusion, board games, play of gods

研究論文

心理療法の終結とは
クライエントにもたらされる意識の地平

北川　明
京都文教大学大学院臨床心理学研究科

1　はじめに

　心理療法の終結においてクライエントにもたらされる意識を本論では「終結像」と呼び、この「終結像」という視点から心理療法の終結を考察する。症状の消失や現実への適応を大切としつつも、クライエントの人格の変容や自己実現を重んじるユング心理学の心理療法における終結および「終結像」とはどのようなものであろうか。本論では、やり残した問題に向き合いもう少し楽に生きたいと望んで来られた40代男性（以下、Aさん）の内的過程を取り上げる。夢と箱庭を中心に、生きるために今まで蓋をし、切り離してきた自らの内的世界・感情面にふれてゆく過程をたどり、その終結期において表現された語りや夢によって、彼の至った「終結像」を明らかにしてゆく。また、河合隼雄（以下、河合）の論考から、河合のめざした「終結像」について、その仏教思想的背景との関連も含めて検討し、その視点からも、本論の事例を考察する。面接番号は＃で、「　」はAさんの発言を、〈　〉は筆者の発言を示す。なお、個人情報保護のため、事例の本質を損なわない程度に内容に変更があることをお断りしておきたい。

2　事例の概要

クライエント：Ａさん、対人援助職、40代男性。
主訴：やり残してきた問題がいろいろとあると思うので、向き合って考えたい。もうちょっと楽に生きられたらと思う。
家族：父は別居、Ｂ県にて一人暮らし。弟も別居。母はＡさんが中学時に突然死。
経緯：Ａさんが物心ついたときから両親は喧嘩が絶えず、毎日怯えていて、自分の居場所がない感じだった。「中学生のとき、母が突然の死で亡くなった。そのときの自分の感情をうまくつかめないというか、押し殺してしまった感じがする」と話される。大学進学後、中退。職を転々と変えた。20代で結婚したが、その後対人援助職をめざして仕事を辞め、Ｃ大学へ入学。在学中、妻が職場の浮気相手と生きることを選び離婚を求められた。何日間かかけて話し合ったときに体がぶるぶると震えた。最近、今の恋人がよそよそしくなったことがあった。そのときも体がぶるぶると震えた。「離れられたくないという不安、相手への依存のせいだと思う」と語る。「恋人には過去の話をしてあるが、そんな風に相手へ依存することは問題でカウンセリングを受けた方がいいと言われて来談した」と話される。

3　事例経過

　本論では、Ａさんの夢や箱庭の表現の経過を中心に考察してゆく。約11ヶ月26回にわたる面接を、来談の経緯となった恋人と別れることになる**第1期（＃1〜＃4　Ｘ年11月〜Ｘ年12月）**、原家族との関係の振り返り

の深まりと最初の終結となる**第2期（#5〜#12　X＋1年1月〜X＋1年3月）**、面接の再開と終結に到るまでの**第3期（#13〜#26　X＋1年5月〜X＋1年9月）**の3期に分けて考察する。

第1期（#1〜#4　X年11月〜X年12月）

　#1　最初にカウンセリングを受けることになった経緯について、また心理学には元々興味があり、特に深層心理学的な面接を望んでいることが話された。

　#2〜#3　職場での出来事や、恋人とのやり取りについて話された。「自分の課題として今つき合っている女性も含めて結婚というものをどう考えるのかということがあると思う」ことが話される。

　#4　「今まではあまり夢を見なかったのだが、今週は結構毎日夢を見た」。今思い浮かぶものとして、昨日見た夢について話された。

　夢1：家族4人で昔住んでいた家にいる。母も弟もそれなりに年をとっている。私は他の家族に話しかけるが、無視されているような感じで、私以外の3人が仲の良い感じ。何か他の3人からはねつけられているような気がした。それでも彼ら3人がうまくいっていればそれでもいいというような気持ちも感じた。その後、私は父と2人で話をしている。それは、嫌な感じではなかった。

　Aさんの連想：父は封建的で逆らうことを許さない感じ。子どもに対してだけではなく、母に対しても。始終夫婦喧嘩をしていて、父が母をなじって泣かしていた。弟が2歳、私が4歳くらいの頃、両親と弟が川の字になって寝ていて、私もそれに加わろうとしたのだが、私は一人で寝ろと言われてすごくさびしい思いをした。今までは父一人に対して怒りを向けていて、こんなことになったのは父のせいだと思いこんでいたところがあったのだが、母と弟に対しても自分から離れていったことに対する怒りの気持ちがあるように思う。母は弟の方をかわいがっていた。それで母とは距離をおいていた。

> **第 2 期（#5～#12　X＋1年1月～X＋1年3月）**

　#5　年初の挨拶の後、年末年始のことが話題となり、その中で、つき合っていた恋人と別れたことが話された。「私自身、このまま一人でいることに焦りみたいなものがあって、それが彼女には息苦しかったのかもしれない。あまり結婚することを追い求めない方がいいのかもしれない」。
　#7　「次回、箱庭をしてみたい」と話される。
　#8　箱庭制作1（写真1）。

　Aさんの感想：中央に生命の源である泉があり、それに向かって動物が集まってきている。マンダラのよう。この岩のような石がポイント。簡単に動物たちが近づいて水を飲めないための障害のようなもの。簡単に飲めてしまっては面白くないというか。それを味わうために遠回りしたり、岩に登って苦労したりというように、その経過を楽しむ方が面白いというか。

#10　今朝見た夢について話された。

　夢2：親しい男の人と会社を経営している。私は倉庫にトラックが入ってきて、荷物を搬入するのを見ていたのだが、途中で積んでいた荷物がくずれてしまう。私はそれを見て、もっと荷物を大切に扱ってくれよと思っている。でもあんまり怒っている風でもなかった。

　夢3：その共同経営者と一緒に中学の同窓会に行く。その共同経営者は、あまり存在感がない。私は普段はあまりそんなことをしないが、自分が中心となって場

写真1　箱庭1

を盛り上げようとしている。その後、私から一人の女性に声をかけて、楽しく話をした。その女性は知っている人で、その女性とつき合っていた男とは親しかった。カッコが良く生徒会の会長もしていた。

Aさんの連想：夢2については、嫌な感じではなかった。なにか楽しい感じ。荷物の到着を待っていて、仕事があってそれをしているなぁという感じだった。夢3については、実際には同窓会に行ったことは一度もない。当時、その男は私には理想的に見えていた。外向的でユーモアもあった。

#11 「私も甘えたかったが、甘えさせてもらえなかった。父も甘えさせたい気持ちもあっただろうが、それを上手く行動に移せなかったのだと思う」「30代の頃、まともな親子関係になりたいと思い父と話をしたことがある。父から出てくる言葉は、母や弟を悪者扱いするようなことばかりだった。家庭をだいなしにしたことについて、父にも責任を感じてほしかったのだが、それは無理だとわかった」「父に同情するところもある。結婚もうまくいかず、自分にも無理なのかと。父に自分を重ねているところもある」。

#12 昨日見た夢について話された。

夢4：自分は大学生にもどっていて、補習があるのを知らず大学に行ってはじめてそれを知った。その補習は終わってしまっていた。すごい失敗をしてしまった、立ち遅れてしまったという気持ちがした。よくそういう夢を見る。試験の日に全然勉強していなかったとか、焦りの感情で目が覚める。

Aさんの連想：自分の仕事に関するアルバイトをしてみようと考えている。アルバイトをすることで経験の幅も広がるし、定年退職後の貯えの足しにもなると思う。自分の中で、独立心というか専門性を深めていきたいというような心の動きも感じられる。

その後、「父とのことは根深いものがあり、まだまだこれから整理して

いく必要があると思う。しかし、父との思い出については、心の整理もかなりできて地に足がついてきた感じがすること、資金的な問題等もあり、カウンセリングを終了したい」との申し出がある。筆者としては、夢の流れ等をお聞きしても、まだまだこれからとの感があったが、Aさんの意志は固く、終結とする。

第3期（#13〜#26　X＋1年5月〜X＋1年9月）

#13　#12で終了してから、約2ヶ月後、Aさんより電話があり、またカウンセリングを再開したい旨の連絡があった。「カウンセリングをやめた頃から生活が乱れてきて、最初は休日だけだったのが平日にもアルコールを飲み出すようになった。自分でも中途半端でやめてしまった感じがする。抗酒剤を飲んで生理的には酒を飲めなくなっているが、精神的な問題の解決にはカウンセリングが必要と思う」。

〈先ほどやり残し感とおっしゃっていましたが、どういう感じなんでしょうか？〉「父との関係を見直すというような感じだろうか」〈お母様との関係もでしょうか？〉「ああ、そうですね」「1週間くらい前、父より電話があった。どうしているのか、結婚はしないのかというような話に始まって、けっこう長話をした。久しぶりに電話をもらってホッとした気持ちもあった」。

#14　両親にもアルコール依存傾向があった話がされ、続いて夢が語られた。

夢5：今朝見た夢だが、母が仰向けに寝て抱いてほしいと言う。それで私が覆いかぶさるようにするところまではいったのだが、だめだと諭して結局やめた。姿・形は違う女性なのだが母だとわかって。何か意味があるような気がする。

Aさんの連想：母の夢はめったに見ない。その女性は30代くらいだった。母が亡くなったのがそれくらいだった。母に性的興味を覚えた記憶はないのだが。以前話したが、父と母と弟が川の字になって寝てい

て、私も一緒に寝させてと言ったら、一人で寝ろと父に言われた。母もそこで黙っているのではなく、こちらにお入りというぐらい言ってくれてもよかったんじゃないかとずっと思っていた。

写真2　箱庭2

#15　前回の夢について、「どこかで母に甘えたいという気持ちと、甘えてはいけないとかもうそんな年ではないというような気持ちがあったのだろうか」。また、「次回、箱庭を作りたい」と話された。

#16　箱庭制作2（写真2）。

Aさんの感想：静かに休んでいるような、穏やかな気持ち。季節は夏で、これからこの周りの花は冬になって枯れていくが、この石は一人残って、でも春になればまた周りの花が咲いて元に戻るという感じ。石と周りの花たちは調和している。石は永遠性を表す。

#17　昨日見た夢について、また母親のアルコール依存について話される。

夢6：今までは受験勉強をしていて、試験時間に遅れてしまって取り返しのつかないことをしてしまったというパターンの夢を見ていた。昨日は、同じように試験時間に遅れてしまったのだが、誰かはわからないが、もうそういうテストとか受験勉強はしなくていいと言ってくれた。これからは新しい人に会っていったり、自分の技術を磨いていけばいいというようなことを言ってくれた。

Aさんの連想：ピンとこないというか現実感がないというような感じ

もある。ただ、今までのパターンとは違った夢だった。

　その後、母親についての思い出が語られた。「私が小学生の頃から、母のアルコール依存が始まって、最初は頭痛薬とかから始まったのだが、私が学校から家に帰って来ると、母が部屋で吐瀉物をあげて倒れていたことがあった。もうどうでもいいというか、母を母と思っていなかったところがあった」。

　#18　今朝見た夢について話された。

　　夢7：印象的だった。目覚めた後も涙ぐんでいた。調理師をしている知り合いの若い男が、料理をうまく作ろうと頑張っていたが、やっと成功しうれし泣きをしていて、それを傍で見ていた私ももらい泣きをしている。その友人は自分自身でもあるような気がした。
　　Aさんの連想：知り合いの若い男は、大学に入り直す前に働いていた会社で仲が良かった人。同僚でいくつか年下だった。話しやすく穏やかな人で慕ってくれた。

　#21　上長からの紹介で縁談の話があり、その女性の名前が母親と一緒だったこと、そのことでいろいろな感情がわいてきたことが話される。「その女性は、私の母と名前が漢字までまったく一緒で、結婚することになると、母の名前をこれからずっと呼び続けることになり、理屈をこえた不安を感じる」「自分の母に対するイメージは嫌っているというのではないが、尊敬しているというわけでもない。こういう人もいるだろうというか。母の生き方とか存在というものについて、許すか許さないかと言われれば、許していると思う。母親としての能力とか母親として子どもにしてくれたことという面では足りないかもしれないが、やれる範囲ではやっていたのだろうと。事実としての母親と息子ではあっても、正常な関係ではなかったというか」〈というと？〉「憎しみとか絶望とか、母が死んでしまったことについていろいろと普通は感じるだろうけれど、それについては自分で押し殺してしまったというか」〈先日、夢の中でお母様のような女

性がでてきてAさんに抱いてほしいと言われて、今度は、現実に同じ名前の女性が現れてきた。お母様との関係を見つめなおす時期がきているようにも感じますが〉「確かにそんな気もする。この縁談を今断ろうと思えば断れるのだが、この局面を私がどう判断するか。彼女と結婚して母親とやり残した課題を解決していけるのではという気もする。逆に、それを乗り越えられず、まったく両親と同じ結果になってしまうのではという不安もある」。

 #22　見合いの釣書に母親の名前を書いたことが話された。また、父親から電話があって、お盆に会いに帰ることについて話された。

 #23　お盆に父親と会ったこと、一緒に母親の墓参りに行き昼食をとったこと、父親が100万円の束を出して、以前から結婚したときのお祝いにと話していたのを、気が変わったのかそれを渡したいと言い出し、受け取ったことが話された。父親との話の内容は、相変わらず母親に対する恨みとか、弟に突き飛ばされたことで腰を痛めてしまったとかいう内容だが、そういう風にしておくことで父親の中では帳尻を合わせているのかもしれないと思ったこと、父親ももう長くないと思うので、父親の生き方として認めようかと思うことが話された。

 #24　何か自分でも成長したというか、落ち着いたような気がすること、何か地に足がついたというか、焦りがなくなってきたことが話される。

 #25　見合いについて、順調に進んでいるが、長年何をやっても誰にも咎められない生活をしてきたので、向こうの家族等との新しい人間関係に躊躇している気持ちもあることが話される。〈ずっとそれを求めていたのでは？〉「葛藤があるのかもしれない。たしかに家族を求めてきたが、ここ数年、生きているだけで満足できるようにもなってきていると思う。仕事が充実してきたから、誰かと一緒にくらすという渇望が減ってきたのかもしれない」。

 #26　「調子はいい。それで突然だが面接を終わりにしたいと思う。今がいい頃合いと思うので。一段落したというか、落ち着きを取り戻した気がする」〈こちらへまた来られた課題については？〉「お酒を飲まなくなったということもある。抗酒剤ももう飲んでいない。飲みたいという気も起

こらない」〈どういうことでそのような気持ちになれたと？〉「なぜあれほど酒を飲んでいたのか自分でもわからない。もうそれほど他人に依存しなくてもいいような気持ちになった」〈私としては、これからという気持ちが大きいのですが〉「結婚のこととか、家族をもつということについて、もうそれほど執着というかそういう気持ちもなくなってきた気がする。父ともお盆のときに会って、今までは結婚できたら認めてやるという風だったのが、100万円をくれて、自分としても父に認めさせたいというような焦りもなくなった感じで。もう一人でもやっていけるような気がする。結婚生活に対するあこがれもなくなった。これから一人で寂しいという気持ちは起こるかもしれないが、これはこれでしょうがないという気持ちにはなれると思う。自分としては、今の心境になれたことで一段落したと思うので」〈わかりました〉。

4　考察

(1)　事例の経過を振り返る

①第1期（#1～#4　X年11月～X年12月）

　やり残してきた問題がいろいろとある、もうちょっと楽に生きたいと望んでカウンセリングを始められたAさんは、小さい頃から家族の中で疎外を感じ、甘えることのできない親子関係を生き、しかも10代で母親との突然の死別を経験されている。その内面には、自身を支えてくれる肯定的な父親像、母親像がなく、現実世界で親しくなった恋人に過度に依存してしまうような心情になるのは自然な流れのように思われた。**夢1**は、#4に報告された、初回夢と言えるものである。原家族に対するイメージがそのまま表れている夢であり、その見直しと再構築が、今後のテーマとなるように思えた。

②第2期（#5〜#12　X＋1年1月〜X＋1年3月）

　#5では、つき合っていた女性との別れが語られた。これまでの話の推移から予感はあったものの、すこし早いという印象はあり、外的な関係をある程度犠牲にしても、**夢1**に象徴される、原家族との内的な関係の深まりが始まっているように感じられた。#8では、**箱庭1**が制作された。Aさんの言う中央の生命の源である泉の周りにごつごつした岩が配置されているのは、この泉がAさんの神聖な心の領域であるとともに、近づくのが恐ろしい何が潜んでいるかわからない領域でもあるように感じられた。#10で語られた**夢2**、**夢3**に出てくる共同経営者は筆者であり、会社の倉庫や中学の同窓会の場は、面接の場であるように思われた。そこではAさんはかなり頑張っている。面接の場で、いろいろな課題が扱われ整理されていってはいるが、荷物が途中で落とされるような不手際もあり、筆者は存在感がないがそこそこ頑張っているという印象のようである。

　また、**夢3**で、Aさんが自ら話しかけ、楽しく話をした女性は、カッコが良く生徒会の会長もしていた男性、Aさん自身の影にむすびついた女性であり、無意識の世界に沈んでいたAさんのアニマとの接触が始まったものと感じられた。

　さらに#11で父親に対する怒りや恨みとともに、その立場への同情や自分との重なりが語られた後、#12でAさんからの終結の希望が話された。筆者にとっては唐突の感が否めないものであった。たしかに当初の父親への怒り、恨みなどが多く語られていた状態から、#11に見られるような父親の立場への理解や思いやりが語られるようになり、ある程度の父親像との和解は成立したとは感じられた。筆者としては、**夢3**でアニマとの接触が始まったばかりであり、父親像との関わりもまだまだこれからとの感があったが、終結に同意した。後から#12で語られた**夢4**を振り返ると、Aさんは大学生にもどっていて、しかも重要な補習があるのを忘れてしまい、思い出したものの間に合わず、強い後悔の念に苛まれている。Aさんが今まで目をふさいでいた自己の内面を見つめたときに、そこに自分を支えるような内的イメージがないことに気づき、その空虚さを直観的に感じて、それを埋めるために自分を支えるように思えるもの、新たな知

識や専門性等を外的環境から取り入れようとしているように感じられた。Aさんには自己の内面を見つめることはそれほど大変な作業であり、Aさん自身の気持ちを大切にすべきと思われた。

③第3期（♯13～♯26　X＋1年5月～X＋1年9月）

♯13では、まず約2ヶ月前の終結後の経過について、生活が乱れてきてアルコールを飲み出すようになったこと、精神的な問題が残っているように感じること等が話された。筆者は、Aさんのこころの中で、すでに両親像やアニマとの対話は始まっており、ある均衡に達するまで歩んで行くしかないように思われた。

♯14で語られた**夢5**は印象的だった。Aさんのこころの中で閉じられていた母親像との対話が始まったという感じがした。Aさんにとっても相当深い体験だったようで、繰り返しどういう意味があるのだろうかとたずねられた。セクシャルな感じもあろうが、母性的なものも感じて、〈何か母性的なものに対して心が開かれているようなイメージなんでしょうか〉と答えると、それに対する連想として女性に対する依存ということが浮かぶと語られた。♯15で、再びこの話題になったときは、「どこかで母に甘えたいという気持ちと、甘えてはいけないとかもうそんな年ではないというような気持ちがあったのだろうか」と話された。自分より弟をかわいがり、若くして自分を残して死んでしまった母親に対して、さまざまな思いを抱いてそのこころの蓋を閉じていたAさんに、夢の中で母親のように感じる女性像が抱いてほしいと現れたことは、呑み込まれるような不安や生前のことに対する怒りや恨み等の感情をもたらすとともに、Aさんのこころの痛みをどこかで癒す経験でもあったのではないかと思われた。

♯16では、**箱庭2**が制作された。筆者はこの箱庭を見て、河合の「石化はその永遠性を示すものである一方、そこに生じた情念が生命力を失うことを意味する」（河合,1987;251頁）という言葉が浮かんだ。♯14で、夢の中で母親像との情念をゆさぶる再会を果たしたAさんだが、それはやはりAさんにはまだつらい過程なのかという思いがした。一方で、Aさん自身の古い自我を葬り去り、新しい自我を創造する決意を固めたのかとも

思われた。Ａさんが自らの墓石に埋めたもの、それによって今後の展開も変わってくると感じられた。

　＃17での夢6については、＃12で語られた夢4からの変化が印象的であった。夢4でＡさん自身が感じた空虚さが、＃14の夢5での母親像との出会いを通して、変容を始めているように感じられた。それはまだ十分に肯定的な支えとなるものではないかもしれない。しかし、抱いてほしいと現れた母親像のインパクトは大きいものであり、母親像だけでなく、父親像やアニマ等内的な心像たちとの対話を深めよという無意識からのメッセージかとも思われた。その後に語られたアルコール依存だった母親についての思い出については、振り返ることの大変さを思い知らされるとともに、Ａさんがそのことについて向かい合おうとされているとの感じを受けた。

　＃18での夢7も印象的であり、本事例で最後に話された夢、「終結夢」である。調理師の男と同一化しているＡさんは、料理をうまく作り終えうれし泣きをしている。「夢を見て実際に涙を流したことってありますか？」と、余韻さめやらぬ様子で話された。何がそれほどの感激を起こさせたのかと思うほどだった。終結後に振り返り、調理は食物を扱い、食物は心的エネルギーと関わるものであり、その調理師は、筆者とも重なっているように感じた。筆者を通し心的課題を扱ってきたＡさんに治療者像が内在化され、これからは自身で心的課題を扱っていけるという内的達成を表しているようにも思えた。

　＃21で語られた、母親とまったく同じ名前の見合い相手の女性が現われた出来事は、内的に母親像との関わりが深まっていく中で、外的にもそれに対応する事象が現われてくる布置的な状況を感じた。＃14の夢5で仰向けに寝て抱いてほしいとＡさんに告げ、＃21では同名の女性の見合い相手という形で、Ａさんに内的な振り返りが促された流れを聞きながら、Ａさんのこころの深層に母親像がたしかに存在し、それは現実ともどこかでつながっているという感覚をＡさんとともに筆者も肌で感じた。いろいろな情念をＡさんに湧き上がらせる大切な局面に至ったと思われた。

　＃23では、父親から電話があり、お盆に父親と会ったこと、一緒に母

親の墓参りに行き昼食をとったこと、父親が100万円の束を出して結婚の前祝として贈ってくれたこと、Aさん自身もこれまでの父親の生き方を認めようと思ったこと等が話された。この出来事は、この事例の頂点をなすものであったと感じられる。内的にも、現実としても父親とのある程度の和解が成立し、また、父親と一緒に母親の墓参りをしたことは、Aさんが和解とまではいかなくとも、内的な母親像の存在を認め、それとの真剣な対話を続けてゆく気持ちになったことを示しているように思われるのである。次に、本事例を河合のめざした「終結像」という視点から検討してみたい。

(2) 「終結像」について

①河合の2つの「終結像」

まず、河合の語っていた重要な2つの「終結像」を紹介する。1つは、河合が何度となく語った重要な終結像であり終結夢である「同行二人の夢」である。それは、対人恐怖症の男性が終結近くに見たもので、その夢の中で、観音さまが現れて「お前が恐がるんだったら、一緒に行ってやろう」と言ってくれて、クライエントも観音さまがついていってくれるのなら俺も大丈夫やから外出しようと思うところで夢から覚めるというものである。「自分は自分の人生を一人で歩いているのではない。一人のように見えても、必ず観音さまがついてきてくれるという、そういう体験をその人がするということが、すなわち治ることである」（河合, 1985 ; 218-220頁）。あるいは、「このような心の深層に存在する救済者の像を明確に把握することによって、治療者から離れても、孤独になることなく、生きてゆくことができると思われる。これは、ことばをかえていえば、治療者像が深く内在化された、ともいうことができるであろう」（河合, 1986 ; 49-52頁）と述べている。

もう1つは、河合の「終結像」についての最後の記述である。終結の指標として、まず、症状の消失と心理的課題の達成があげられる。そして、自己実現という視点から以下のように語られる。クライエントと定期的に

会うか、会わなくなるか、という差はあるにしても、本質的には「関係」は永続していると考えられる。そしてこれは、心の極めて深いレベルでのつながりであって、「たましい」のレベルとも言うべきものであり、そのような「関係」が成立すると、実際に会っているか、会っていないかということはそれほど大きい問題ではなくなってくる。それはあくまで、「一応の終結」なので、会わなくなることに、不安や悲しさを感じることが、ほとんどなくなるからである（河合, 2003；188-203頁）。

　筆者には、この最後の河合の「終結像」は、クライエントと治療者の間に「たましい」のレベルでの「関係」が成立し、「たましい」からの深いこころの支えを得て、会わなくなることに不安や悲しさを感じることがほとんどなくなるというクライエントの心的状態を表しているように思われる。では、この「終結像」の中の重要な要素である「たましい」とはどのようなものなのか。河合によれば、「たましい」とは、ユング心理学の核心である「自己」に対峙するものであり、「よりよきものへと変える」ことよりも、「そこにあるものを、それ自身の内へと深める」ことを強調するものであるとする（河合, 1993；223-228頁）。

　また、「人間が生きているということ、あるいは、人間だけではなくて、ねずみが生きていることも、ハトが生きていることも、全部すごくて、そういうものの、みんなのつながりとしてたましいがあるということになりはしないか。ひょっとすると、たましいというのは、たましいという限り、私があなた方とつながっているというだけでなくて、木とも蛙とも何とでも全部、つながっているということになるのではないか」とも述べている（河合, 2006；147-148頁）。この河合の文言の背景には仏教的思想の存在が感じられる。この内容をより理解するために、禅の悟りの階梯を描いているとされる十牛図と「終結像」の関連について河合が述べていることについて、次に考察したい。

②「終結像」と十牛図

　十牛図とは独特な禅のテキストである。十牛図は、中国北宋の末、12世紀の作品で、日本では室町時代に成立したいわゆる『禅宗四部録』に収録

されている（上田，2002；8頁）。河合は、十牛図とユング心理学の関係について以下のように述べている。図1「尋牛」、図2「見跡」、図3「見牛」、図4「得牛」、図5「牧牛」と一連の図があるが、これは若者が牛を見つけ、それをとらえて手なずけてゆく過程を示す。牛は「自己」あるいは「真の自己」であると言われている。これは自己と彼との関係が、このようなイメージによって顕現してきたと言うべきであろう。ユング派的に見て、自我と「自己」の関係をこの図の若者と牛の関係と見るならば、図6（「騎牛帰家」）で一応その関係の頂点に達したと見られるのではないか、すなわち、自我は今や「自己」の主導性にまかせきりになっており、そして、自我は自分の感情を自由に謳いあげており、それを取り巻く世界も平和だ。しかし、図7（「忘牛存人」）については、「ここで牛が消えうせるのは驚きです。ここで人は牛とまったくひとつになりきったのだと考えられます。普通の人が真実の人になりきったのです」とする一方で、「自己は牛というひとつの対象として顕われ、それとの関係を問題とするのではなく、人を取り巻く外界すべてとして顕われていると考えられないか」と述べる。また、図1と図7の両方で、人は一人で自然の中にいるが、「図1では若者は何かの喪失感をもってそこにい」るのに対し、「図7では、彼を取り巻くすべては彼の『自己』と観じることができるのではないだろうか」と述べている（河合，1995；68-73頁）。

　以上から筆者に浮かんでくるのは、「同行二人の夢」の「終結夢」を見て終結されたクライエントの境位についてである。「同行二人の夢」に現われた「お前が恐がるんだったら、一緒に行ってやろう」という観音さまは、第5「牧牛」の境位を連想させる。その一方で、自己実現という視点からは、河合の言う「彼を取り巻くすべては彼の『自己』と観じることができる」状態を示す図7の境位が、河合のめざす「終結像」に相当するように思われる。

　この境位について、より理解を深められると思われる井筒俊彦の「華厳経」に関する文言を以下に紹介する。日常生活で経験する事物、すなわち、存在論的境界線によって互いに区別されたものを、華厳哲学では「事」と名づける。そして、意識のレベルを下げ、その存在論的境界線をはずして

ゆくことにより、あらゆる事物の間の差別が消えてしまう、要するに、ものが一つもなくなってしまう境位を、華厳哲学では「空」、禅では「無」と呼んでいる。このような、ものそれぞれの自立性、すなわち「自性」が否定（「空化」）された後、今度は、その「空」が、かぎりない存在エネルギーの創造的本源として、積極的に働き出したものを、「理」と呼ぶ。その「理」は、いかなる場合でも、常に必ず、その全体を挙げて「事」的に顕現し、したがって、およそ我々の経験世界にあると言われる一切の事物、その一つひとつが、「理」をそっくりそのまま体現していることになる。また、その一切の事物は、互いに依りかかり、依りかかられつつ、全部が一挙に現状するとされる（井筒, 1989 ; 16–51頁）。

　森羅万象すべてが、「理」の顕れなのである。また、「理法界」は「自性」がない世界、すなわち「私」もない世界であり、十牛図で言えば人もいなくなった世界、図8「人牛俱忘」、図9「返本還源」、図10「入鄽垂手」の世界、あるいは河合の言う「たましい」の領域であることが推察される。ただ、河合は、「たましい」は、「われわれの意識をはるかに超えた存在であり、それは明確な言語によって定義できないが、われわれはそれについてファンタジーを語ることによって、その一端を伝えることができる」（河合, 1984 ; 51頁）と述べている。

　以上、河合の最後の「終結像」には、症状の消失と心理的課題の達成という指標が含まれ、さらに以下のことが認められることを見てきた。すなわち、自己実現の視点からは、①クライエントと治療者の間に「たましい」のレベルでの「関係」が成立し、「たましい」からの深いこころの支えを得て、会わなくなることに不安や悲しさを感じることがほとんどなくなるというクライエントの心的状態であること、②禅の十牛図との関係では図7「忘牛存人」の境位をめざし、それは図8・9・10の境位を深く感じながらも、図7の境位にとどまるあり方であること、また華厳思想につながっていることである。

③本論の事例の「終結像」について

　本論の事例の「終結像」を、河合の「終結像」や十牛図の階梯の視点か

ら振り返りたい。第2期の#12での最初の終結は、第4「得牛」の段階でのものと言えようか。Aさんの中に存在する両親像やアニマとの対話はすでに始まっている中での終結であったように思われる。Aさんとしてもその状態でカウンセリングを終えることはできなかったのであろう。第3期が始まる。そこでは、内的にも現実にも、父親との和解が進行し、一方で内的な母親像との関係が深まっていった。その頂点として、#23でのお盆に里帰りをし、父親に同行して母親の墓参りに行き、父親から結婚の前祝金を受け取った出来事が生じている。これも布置的な状況を感じさせる。このことにより、内的な両親像とのつながりとその支えをAさんはある程度得ることができたように思われる。

　本論の事例の「終結像」を、十牛図の階梯で言えば、第5「牧牛」の境位に当たるのではないか。第5「牧牛」は「人牛一如の境」とされ、牛はよく牧い馴らされて純和され、牧人に自らついて行く、あるいは牛の歩んで行く方向に牧人が自ら進んで歩いて行く段階とされる（上田, 2002；118-130頁）。ある程度の和解が成立した父親像とともに、あるいは内在化された治療者像とともに進んでゆく。ただ、まだ母親像との対話は残っている。その対話が深まるにつれ、第4「得牛」の段階がまた現れるかもしれない。そのような螺旋状の動きをとりながら、Aさんがこれからも内的な諸心像との対話を続け、人生を充実して生きていかれることを願ってやまない。

5　おわりに

　本論で検討した河合の半生をかけた思索と臨床経験から導き出された「終結像」も、博士後期課程3年までの臨床経験しかない筆者には、いまだ知的な課題の域を出ない。また、仏教についてのアカデミズムの経験もない。今回、本論を作成する中で触れた河合の「終結像」や「たましい」の思想およびその背景となる仏教思想等について、引き続き研究を進めて

いくことが今後の課題と考えている。筆者も心理療法家をめざすものとして、この河合の思想を、めざしかつ検証する指針として、自身の研究と心理療法を深めていきたい。

文　献

井筒俊彦（1989）：コスモスとアンチコスモス．岩波書店．
河合隼雄（1984）：日本人とアイデンティティー──心理療法家の眼．創元社．
河合隼雄（1985）：カウンセリングを語る（下）．創元社．
河合隼雄（1986）：心理療法論考．新曜社．
河合隼雄（1987）：明恵　夢を生きる．京都松柏社．
河合隼雄（1993）：書物との対話．潮出版社．
河合隼雄（1995）：ユング心理学と仏教．岩波書店．
河合隼雄（2003）：臨床心理学ノート．金剛出版．
河合隼雄（2006）：心の扉を開く．岩波書店．
上田閑照（2002）：十牛図を歩む──真の自己への道．大法輪閣．

●要約

　本研究では、心理療法の終結においてクライエントにもたらされる意識を「終結像」という視点でとらえ、クライエントの人格の変容や自己実現を重んじるユング心理学の心理療法の終結とその「終結像」について検討した。やり残した問題に向き合いもう少し楽に生きたいと望んで来談された男性の心理療法を取り上げ、夢と箱庭を中心に、生きるために今まで切り離してきた自らの内的世界・感情面にふれてゆく過程をたどり、その終結期において表現された語りや夢によって、彼の至った「終結像」を考察した。また、河合隼雄の論考から、河合のめざした「終結像」について、その仏教思想的背景との関連も含めて検討し、その視点からも考察した。河合のめざす「終結像」は、クライエントと治療者の間に「たましい」のレベルでの関係が成立し、「たましい」からの深いこころの支えを得て、会わなくなることに不安や悲しさを感じることがほとんどなくなるという心的状態ととらえられることが示された。

　　キーワード：終結像、河合隼雄、たましい

Closure of the Psychotherapy:
The Level of Consciousness Brought to Clients

KITAGAWA, Akira

Graduate School of Clinical Psychology, Kyoto Bunkyo University

　In this paper, the writer considers the level of consciousness brought to a client at the closure of his psychotherapy from the viewpoint of therapist's image of the client at the closure (hereinafter TICC). The closure and TICC of Jungian Psychology which values the personal transfiguration and self-realization of clients are illustrated. This paper is also on the psychotherapy of a man who suffered from the things left undone and hoped to face them and live more relieved. The process of his experiencing the inner and emotional world which he has split to survive and his TICC are deliberated mainly by his dreams and Hakoniwa. Moreover, this case is considered from the viewpoint of Hayao Kawai who thought TICC is grasped as the mental condition of the client who has built a relation with his therapist at the level of soul and not become nervous and sad about his parting from his therapist.

Key Words: therapist's image of the client at the closure, Hayao Kawai, soul

研究論文

高機能自閉症を疑われる中学生男子とのプレイセラピー過程
「素顔の模索」

渡辺あさよ
七里ヶ浜心理臨床オフィス solala

1　はじめに

　発達障害の心理臨床においては心理療法が有効でないという考え方が広まりつつある上に、心理療法家の間でも従来の方法が通用しないと実感され始めている（小澤, 2007；田中, 2009, 2010；河合, 2010, 2013）。そんな現状の中で、筆者は、高機能自閉症者との長期にわたる心理臨床実践により、彼らが治療関係さえも強制労働のように感じる強迫的なあり方を自らに強いているとの仮説を立て、面接場面がそのあり方を超える体験へと向かうべく「嫌と言える面接場面の工夫」「心のリアリティで向き合う面接の工夫」「心の主体（主観）が四つ角で客体（対象）と交差する面接の工夫」の必要性を主張し、内在するイメージにコミットした言葉が使えていない「イメージと言葉が乖離している」人たちとの心理臨床では実感に根ざした言葉を紡ぐためのキャッチボールモデルから始めることを提案した（渡辺, 2011）。さらに、軽度発達障害を疑われる小学生と狭い面接室でテーブルを挟んで向き合い、「スクイグルゲーム」から始めて「紙飛行機でのキャッチボール」「言葉でのキャッチボール」へと進んだセラピーにより、テーブルの向こうとこちらに分かたれた立ち位置を意識しながらやりとりすることの重要性を示した（渡辺, 2013）。

　本論文では、それらを踏まえて、作り笑顔で強迫的に喋りかけ続ける高

機能自閉症を疑われる中学生に対し、その多弁を遮り、融合的関係を断ち切るべくスクイグルゲームを強制し続ける中で、強迫的なあり方から実感に根付いたあり方へと転換したプロセスを報告し、「強迫的あり方からの脱却」「素顔の模索」という2観点から論じる。最後には「発達障害の『適応』」についても触れてみたい。

2　事例の概要

クライエント：A、中学1年生男子。
主訴：コミュニケーションがうまくできない。整理整頓が苦手である。手の癖がなおらない。
生育歴：
　出生期：10ヶ月異常分娩。急激な陣痛で頭をしめつけた状態で出される。
　乳幼児期：混合栄養、発育普通、ひらがなに興味。
　幼稚園2年：先生にくっつくか一人でうろうろするかで集団に入れない。
　小学校：同い年くらいの子を恐がる。外では会話しない。習い事多数。
家族：父、母、本人。
来談経路：中学担任（発達障害の生徒について過去に連携経験あり）。
見立て：高機能自閉症（担任と家庭からの情報、臨床像による）。

3　面接の経過

　8ヶ月28回の経過を5期に分けて報告する。以下、筆者をThと記し、Aの言葉を「　」、Thの言葉を〈　〉、スクイグルのタイトルを【　】内に記し、★印には、Thがセラピー後に感じ、考えたことを記す。

第1期（♯1～♯3）「話がしたい」──会話強迫から

　インテーク　（スケジュールの関係で、初回の前半20分を父親とA同席インテークに充てた）（父親はキャップをかぶり体格のよいスポーツマン風、Aは眼鏡をかけて顔色が悪く痩せていて、にっ！と力の入った笑顔からは緊張が伝わる）（生育歴の聴取）転校してきてテニス部に入ったところだが、練習が厳しすぎるので、Aの状況に合わせて緩めてもらえないかと交渉している。出産時の後遺症か、小さい頃から気になるところがある。感情が表現できない。海を見ても「広いな」とか「大きいな」とか思わない。〈学校生活への適応を考えるより、まずは感じ、考える主体としての自分を作ることが先決と考える。その作業の場として継続が必要と思う〉お願いします。〈毎週40分間〉了解。

　♯1　（後半20分）〈時間まで好きなことをしていいよ〉「話がしたいです」〈どんな？〉Thへのプライベートな質問。〈話がしたいなら質問でなく話して〉「学校が楽しいです」〈何が？〉「転校してきたから、僕はみんなのことを知らないけれど、なぜかみんなは僕のことを知っています」〈はあ〉「テニス部が楽しいです」〈どんな？〉「素振りが楽しいです」

　★作り笑顔の社交辞令的多弁の裏に彼の抱える空虚さが透けて見える。いたたまれない気持ちになり、この流れに「乗れない私のまま」で居ようと思う。

　♯2　「また好きなことをしていいんですか」「話がしたいです」「前に来ていた人は中学生ですか？」「どこの中学生ですか？」……〈人のこと

が気になるの？〉「はい」と満面の笑み。〈人のことより自分のことが大事だよ〉「部活が楽しいです」〈何が？〉「素振りです」〈へー〉「球拾いもします」

★今までの体験とは異なるだろうThの無愛想な反応に不安になったと推察されるAはさらに満面の笑みで話しかけ、そんなAの様子にThはさらにいたたまれなくなり、冷水をかけるような直球で返すことしかできない。

#3 テニスの本と携帯電話を持参してThに見せてにっこり笑う。〈……〉「部活に必要だから携帯買ってもらったんです」いじっているうちに登録してあった祖母にかかってしまう。〔Aちゃん部活がんばってるんだってね。すごいねえ。楽しい？〕と矢継ぎ早に話しかける祖母の声が聞こえる。「うん楽しい」〔そう、よかったね。がんばってね。おばあちゃんも応援してるからね。じゃあね〕祖母から切る。／「2階に行っていいですか？」〈この部屋の中で遊ぼうよ〉「でも行きたいです」〈ん〜〉「行きたいです」〈じゃあ、行こうか〉2階に行くと書庫に入り、置いてある教科書のページをペラペラめくっては喋りまくって、すぐにプレイルームに戻る。「あのキューピーきもい」〈そうか〉「身長何センチですか」「家で喧嘩しますか」……質問攻めに辟易したThは、プレイルームが自由な場であることを示すべく、ひとりゲームボーイで遊ぶ。

★これまで体験してきた関係の持ち方では通用しないと思ったAの打開策が本と携帯電話持参だったのだろう。はからずもその携帯電話が祖母につながったことにより、Aをとりまく日常が垣間見られ、こういうポジティブな言葉や期待に囲い込まれて実感がつかめなくなっているAのあり様が推察された。そんな中での執拗な「2階に行きたい」、ネガティブな「キューピーきもい」は、ささやかではあるがAの実感に根付いた言葉だと思われた。追い詰められた時にドロップアウトせず、場を変える形での策が打てるAであるならば、スクイグルゲームの場を提示して強制してみようという考えが浮かぶ。「二人がテーブルを挟んで向き合い、それぞれに描線を描いて交換し、相手の描線を絵にする」スクイグルゲームは、自分とは異なる他者を感じるために有効な手段であり、さらに、自由であっ

てAには自由と感じられていないだろうプレイルーム空間を「強制」の場とすることで、「嫌」と言える場、すなわち嫌と言える自由を体験できる場が成立するのではないかとの考えである。

第2期（♯4〜♯8）　強制スクイグルの開始――怒りの噴出と実感

♯4　〈好きなことがないなら絵を描こう〉「絵は苦手です」〈1枚だけ描こう。これは嫌でも強制だからね〉／A：【ぼくのかいた絵　顔】（図1）Th：【月とアイスクリーム】

★「絵は苦手です」と暗に「嫌」と表現できたことに驚き、幼児が最初に描くような顔の絵と、ペン習字のようにきっちり書かれた言葉と文字のギャップに驚く。これは初回に感じた「話がしたいです」ときっちり言葉にすることと空虚な内容とのギャップにも重なる。

♯5　A：【僕の作品はアイスクリームと月です】Th：【植物】／A：【僕の作品は波です】Th：【ヒトデとサカナ】／A：【僕の作品は帽子とアイスクリームです】Th：【つぼから出た蛇】／A：【僕の作品は山形県の形です】〈どこがどう山形県？〉〔山形県〕を消して〔7〕と書く。A：【僕の作品は7です】Th：【空とぶ自転車】

★終了後、Aが描いた「アイスクリームと月」が前回Thの描いたものと同じタイトルだと気づき、記憶していたことに驚く。

♯6　A：【僕の作品はおばけです】Th：【タマゴ人間ツルツル君】／A：【僕の作品は海の波です】Th：【電球】

★Aの描線は2枚とも顔らしきもので、Thは1枚目を顔にし、2枚目は無視する。描画は、不定形輪郭のみながら「おばけ」が蠢き、勢いよく描線をなぞったのみながら「波」がわき立つように感じられる。

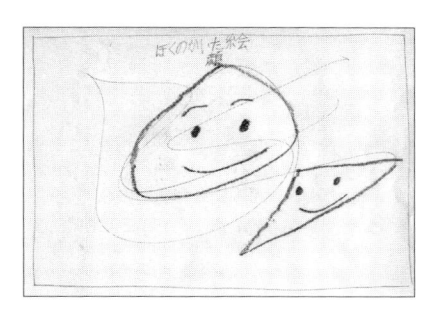

図1

♯7　（時間前に来て、他の中

学生とのセラピー中にドアを開ける）その中学生についての質問。〈人のことが気になるの？〉「はい。なぜ気になるかというと、同じＢ市の中学生だからです」突然立ち上がり歌を唄う。「合唱祭の歌です」「〇組のは」♪歌♪「知ってますか？」〈知らない〉の繰り返し。Aは3年生が唄う歌まですべて記憶しているようだ。

　　Ａ：【僕の作品はℓです】〈文字ではなく絵描いて〉〔ℓ〕の下に〔怖い化け物〕と付け足す。／Ａ：【僕の作品は眼鏡です】〈眼鏡に見えるように描いて〉黒で縁取る。／Ａ：【僕の作品は丸、三角、四角です】〈図形じゃなく絵〉〔人の化け物、山です〕と付け加える。／〈いつも〔僕の作品は＊です〕と書くけど〔僕の作品〕も〔です〕もいらないからね〉Ａ：【くつ下とズボン】Th：Aの描線である花丸を【山の中の湖】（図2）とする。「花丸が湖になったんですか？」「先生が花丸描きたがっていたから花丸描いたのに」筆圧強く「湖」の上に朱色で「花丸」を重ねる。「こういうふうに花丸だったのに！」「それが湖なんですか？」「これは山ですか？」〈木のつもり〉「あと何枚ですか？」「もう終わりですか？」〈終わったら何かやりたいの？〉「テニスの素振りと、2泊3日の宿泊研修の話がしたいです」〈話しながら描けば〉「宿泊研修楽しかったです」〈何が？〉「キャンプファイアーです」♪幸せなら手をたたこう♪と手を叩きながら最後まで歌う。〈ほかには？〉「山登りです」〈何が楽しい？〉「滑ったり転んだりです」〈え！　それが？〉「はい。楽しいです」〈嫌だったことは？〉「Ｃ君と〜」〈嫌なこともあってよかった〉「？」〈楽しいだけなんてありえない〉「絵は嫌いです」「美術嫌いです」〈へ〜〉〈好きなことは？〉「ここで好きなことやるの？」〈そうだよ〉「寝たいねえ」〈寝れば〉「でも泊まれないでしょ」〈時間まで〉〈もう時間だけど素振りやりたかったらどうぞ〉「あと何分？」〈もう終わりだけど5分延ばしてもいいよ〉「じゃあ、やめていいです」別れ際、Aは顔がくっつきそうな近さ

図2

に立ちThはどきりとする。

　★1枚目からAの描線には意図が感じられながらもThにはつかめないままに進んだが、4枚目は明らかな花丸だった。ThがAの描画に次々と注文をつけた、いわば「×」を付けたために花丸が欲しくなったのかもしれないが、AはThが花丸を描きたがっていると認知している。その「花丸」を湖に沈められてAは憤り、抗議し、「あと何枚ですか？」「もう終わりですか？」とスクイグルゲームを終わらせ、A主導の「宿泊研修楽しかった話」へと向かう。Aにとって宿泊研修が楽しくあるはずがないと確信するThは、常々言いたかった「楽しいだけなんてありえない」と言い放ち、Aは「絵は嫌いです」と断言した。「寝たいねえ」としみじみした感情が吐露され、実感に根付いた言葉の世界が拓かれたと感じる。

＃8　（プレイルームのソファに腰掛けて待っている）「首見てください」「昨日の部活の後、校舎の間で2年生に馬鹿にされてむかついて、やり返したかったけど、もっとやられると思って自分を引っ掻いた。お腹も。D先生が見つけて職員室に行けと言われて、E先生とF先生がいて消毒してくれた。2年生だけれど名前はわからない。サッカー部？　バスケ部？　野球部かも？　写真見たけれどわからなかった」／A：【人と波】（図3）「お化けみたいな人」と説明。／A：【三角帽子と丸帽子】／A：【池】（図4）Th：【ヒマワリ】

　★担任より「一昨日は実際に3年生に引っ掻かれ、今日は2年生に引っ掻かれたと言って大騒ぎになった後に狂言だと判明した」と連絡が入る。1枚目の「人と波」における「顔」は＃4での記号的な「顔」とは異次元

図3　　　　　　　　　　　　図4

の「なまもの」を感じさせ、Aのイメージ表現も新たな次元へと拓かれたと思われた。以下、絵の掲載はないが、2枚目、3枚目の描線には「ぐにゅぐにゅ」と力を込めて描かれた小さな塊があり、描画「池」では、大きな輪郭からはみ出す勢いと強い筆圧で「ぐにゅぐにゅ」と朱色でべったり塗った上に、青も同様に重ねられている。これらの輪郭のない「ぐにゅぐにゅ」塗りには、形以前の「なま」でアグレッシブなパワーがこめられていると感じられる。

第3期（♯9〜♯12）「一緒に寝よう」──素顔の認識から

♯9　Thが外にあったゲーム一式を持って入ると、「わー！　ゲームだ」〈え⁉　いつもここに置いてあるけど〉「気づかなかった」〈やりたいの？〉「やりたいです」〈まずはお絵描き〉「何枚ですか？」「1枚？」「2枚？」「3枚？」〈何枚にしたい？〉「1枚です」「なぜかというと、部活にちいちゃい子が来た話をしたいからです」〈話なら描きながら〉／A：【自転車】（図5）Th：Aの描線には目。【こんがらがっちゃったヘビくん】／Thがゲームをしていると、Aは三輪車に乗ってぐるぐるまわりながら「小学生が来ました」「すごいうまかったです」などと話すが、ゲームに夢中のThは生返事。「トイレ行ってもいいですか」〈どうぞ〉出て行って戻ってこない。探しに行くが、トイレにも車にもおらず、父親も一緒に探し始めたところで、「プレイルームに向かった」との情報を得る。「探しに行ったの？」「パパも？」〈君がゲームしたいというからしたんだけど〉「話がしたいです」Thへの質問。〈話がしたいなら質問じゃなく話して〉英語での挨拶や質問。〈英語教室じゃないから日本語使って〉「英語嫌いなんですか？」〈好きでもないけど、日本人だから日本語〉「好きなのは？」〈自分のこと言って〉「僕はアイスと肉とポテトが好き」〈へ〜、じゃあ嫌いなもの？〉「ピーマン、トマト」「勉強よりやっぱりスポーツが好きですか？」〈私じゃなくて君のこと。テレビとか何か楽しみないの？〉「テレビ番組＊見ます」歌い始める。「知ってる？」〈（歌の名）〉を繰り返すうちにAは大あくびする。「あと何分？」〈1分〉「眠い」〈寝たら〉「一緒に寝る？」〈う

図5   図6

ん〉1分間二人で寝ようとする。

　★描画「自転車」は「いきもの」に見え、自転車に乗って走る際の爽快さまで感じられた。プレイルームからのエスケープもこのイメージが動き出したと考えられる。担任からは「家で自傷に及んだり、手を叩きながら学校の廊下を走るなど、自由な動きが大きくなっている。Cが怖いから教室に行きたくないと自ら保健室へ逃げ込めたことを評価しながらも、休み時間以外は保健室禁止と決めて守らせている」などの報告が入る。

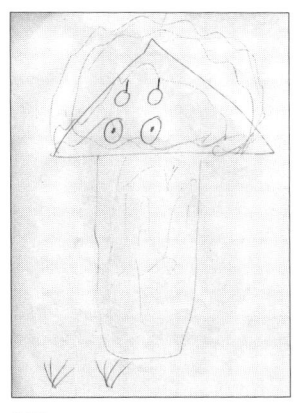

図7

　#10 （ソファにへたりこんで待っている）〈その顔は？〉「不良にやられた……自分でやった」「こうやって」「不良にやられたからむかついたから」「CとD先生が怖い」「D先生はテニス部」〈じゃあ、テニス部つらい〉「部活は楽しい」テニスボールをバドミントンラケットで打つ。〈バドミントンラケットだから壊れるかも。テニスのあるでしょ〉テニスラケットで羽根つきのようにボールをはねる。「テニススクールでこういうのやってました」「この部屋にテニスボールがあるなんて知らなかった」「知っていたら前からテニスができたのに」「どう？」「うまい？」「へた？」〈君が楽しいならいいと思うよ〉「うまい？」「へた？」〈うまいへたより楽しいかどうかだよ〉隣に腰掛けてThへの質問。〈ここ質問する所じゃない。君がしたいようにする所〉Aはあくびして「眠くなった」〈じゃあ、絵描い

たら寝よう〉

A：Thの描線を無視して【木が2つと葉っぱ】（図6）〈説明して〉「ここは森、葉っぱは草」Th：Aの描線に〔Abibas〕とある。〈？〉「アディダス」【カキ】「柿？」〈牡蠣〉「？」／バウム（図7）／「何分まで？」〈あと15分〉「じゃあ、あと15分寝よう」ソファに並んで目をつむる。Aの音出しにThは反応せず寝たふりするうちに眠ったらしい。時間ぴったりに「はい15分です」と起こしてくれる。

★お互いに「わからないこと」が明らかになる。2本の大木が頭を突き合わせる「森」に「葉っぱ」（下草）が萌え出ると見える描画は、AとThがスクイグルゲームで向き合う姿とそこに生じる新しい可能性としての芽吹きに見えた。バウムにおいてもAの描く「木」はぬいぐるみのようだが、付け加えられた「草」にはリアリティがある。さらに、「草」を描く時の鉛筆のはね方からは「こうやってやった」と自傷を説明した時の指の動きが連想された。担任から以下の報告が入る。「怖いCを殴ってさらに怖くなってしまったので、怖い時にはどうするかと話し合った。父親はセラピーを始めてから動きが大きくなったと戸惑っている面もあるので、思うことをすべてThに話すようにと父親に伝えた。私としては動きは大きくなったが、確実に自分の意思が言えるように成長していると思う」

#11（ソファで待っていて「お父さんが話があるって」）（勉強重視の母親とAの主体性を重んじるThとの間で迷っていたが担任と話して吹っ切れたなど、父親と面接室で約10分話す）〈長引いてごめん〉「何話してたの？」〈君が好きなようにできるといいねって〉「保健室に行っちゃだめって？」〈君の気持ちが大切だって〉「行っていいの〜！」初めて見る自然な笑顔。／A：【日本の船　化け物】（図8）「化け物の船に日本の旗」と説明。Th：Aの描線に大きく〔素顔〕とあるのに驚くが無視する。【ハート2つ】（図9）「ハート2つだ！」と喜ぶ。／「僕はストレスが精神にきているということで部活が休部になったのでそのことを話したいと思います」〈どっちかというと寝たいけど〉「じゃあ寝ましょう」Aの動く音が徐々に消える。気づくと2分すぎ。二人とも眠り込んでいたらしい。

★Aが「素顔」と書いたことに驚き、不定形の「船」に刻印された赤く

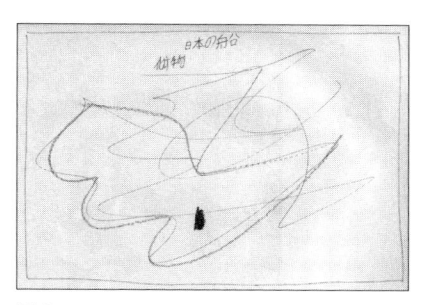

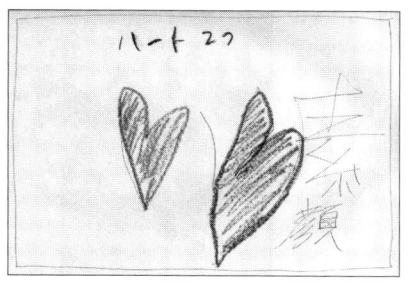

図8

図9

　力強く「ぐにゅぐにゅ」と塗られた「日の丸」にも驚く。この「日の丸」はいきものとしてのAの萌芽に見える。Aが眠り込んだのは初めてではないだろうか。後日キャンセルの電話の際にこの回の感動を父親に伝えると、「自然な笑顔の後で『素顔』と書いた」場面で嗚咽され、「あの夜11時頃にAが『つらかった』と自分の言葉で語り、私もやっと息が吸えた感じがした」と語られた。

　#12　（前の時間の面接中、ドアノブに手が伸びるのがガラスごしに見える。〈待ってて〉ソファにくしゃっと腰掛けて「パパがまた話したいと言っていた」）「明日楽しいことがある」「＊まで歩いていって探検、海を見ます」〈楽しいの？〉「2年生は今職場研修、僕は来年で、3年生は試験です」〈人のことまでよく知ってる〉「朝、先生が話すから知識が入るんです」「僕はそういう人間です」〈そうか。でも自分のことが一番大事〉「5日から試験です」〈好き？〉「嫌いに決まってる」「みんな嫌がってる」「あと1週間」〈そうなの？〉カレンダーを見ても今日が何日かわからない。〈22日〉「ウェンズディ？」〈違う。サーズディ。知識があっても今日が何日かわからないのは困る〉「そうだ。お父さんと日曜日にマラソン見に国立競技場へ行きました」「＊さんが勝って拍手しました」〈マラソン？〉「どこかに行くのに目的があった方がいいからです」〈マラソン走るの好き？〉「僕は学校でよく走ります」〈走りたい時に走るんじゃなくて、決められた長い距離を走るの〉「僕は走りたい時に走ります」〈だよね〉「パパの会社まで車で行って、歩いて品川駅、そして千駄ヶ谷です」「僕が行ったの知ってた？」〈知らない。今きいてわかった〉「先生はどこにいたんで

すか？」〈表参道〉「どこ？」〈渋谷から地下鉄で1つ〉「何時？」〈10時〉「じゃあ近い。同じ電車で会えたかも」〈君は山手線で私は新宿ラインだから同じ電車にはならないよ〉「明日も楽しみ」〈そう〉「何枚描く？」「お父さんが話しに来るから1枚でいいね」大あくび。〈何時に寝た？〉「9時」〈それで眠い？〉「眠い」〈疲れが溜まってんのかなあ〉「家で寝たい。ごろごろしたい」〈すればいいじゃん〉／A：「三角山3つ」〈絵にして〉「じゃあ、お化け」〈何でもお化けじゃん〉「外人だ」〈アメリカ人かな？〉「そう。*とか喋るの」「パパ、ニューヨークに行った」【三角形の山　ニューヨークの人】〈パパも英語喋れるんだ〉「いえ苦手です」「25人で行ったから助けてもらったんです」〈まとめて山ってすればよかったのに〉「星が描けなかったから三角の山にしたんです」Th：【おちば】「扇子みたい」〈落葉のつもり〉

★絵を媒介にして、主観のキャッチボールができた！

第4期（#13～#18）「絵2枚で寝よう」──心の主体（主観）の成立

#13　（5分遅れて足をひきずって来る）「ハンドベースで思い切り突っ込んで怪我した」「パパが来るから絵何枚にする？」「2枚にしようか？」／A：【オリンピックの3つの丸】〈五輪だけど〉丸を2個足す。Th：描線に顔を描いて「かわいい？」〈ん〜〉【いきもの】／A：【ミッキー】「丸が3つです」〈ミッキーに見えない〉顔を描く。〈おじさんみたい〉【ミッキーのおじさん】Th：Thの描くのを見て「ひつじ？」〈違う〉【カエルのぬいぐるみ】さっさと描いては話しかけたり歌ったり机を指でとんとん叩いたりする。「また寝ようよ」15分間寝て、時間ぴったりにAが起こす。

★「絵何枚にする？」とAが場の主導権を握る。鼻歌や音出しなどAの内側から音が出始め、互いの描画に対して言葉のやりとりが頻繁になる。

父親：家で勉強やめたらすることがない。楽しみがない。「何やったらいい？」と何度も電話がかかる。〈「やりたい－やりたくない」という物差しのないままに「やらなければならないこと」をやってきたAにとって、「勉強やりたくない」という感情が生まれて勉強をやめた今は、「やりたく

ない」という感情がやっとつかめたものの何がやりたいかまではつかめない状態、いわば「ニュートラル」な状態だと言える。外からギアを入れるのではなく、時間はかかっても自らのパッションでギアを入れるのを待ちましょう。「自傷事件」はそれがパニック的に暴発したネガティブなものだが、洗練されればポジティブなものにもなるはず。「何もやらなくていい」という姿勢を貫きたい〉了解です。家に居たがらないので水のある所に行こうかと思うが、飛び込んでも困るので難しい。〈足の怪我？〉勉強にこだわる母親を蹴った。

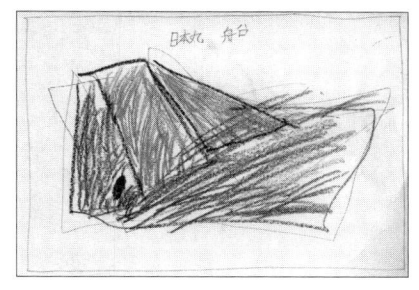

図10

#14　A：【日本丸　船】（図10）／二人で寝込んで、Thの目が覚めた時が時間ぴったり。「寝ちゃったね」

★#11での「化け物の船」が実体をもった「日本丸」となる。

#15　「僕は水気ちがいだからスキューバダイビングに行く計画を立てています」「先生も足ひれ買う？」〈私はやらない〉「海嫌い？」〈見るのは好きだけれど入りたくない〉「来年の夏にG先生とD先生とパパとで行こうと、パパを説得する手紙を書いた」／（スクイグル）／「海の勉強しようよ。ほら、図書館で本を借りてきた」〈ここは勉強する所じゃない〉「勉強嫌い？」〈うん。あんまり〉「じゃあ一緒に見よう」「ここ浅いかな？」「人が立ってるから浅いね」「ここはどう？」〈浅いか深いかを写真見て考えてもしょうがないよ〉「じゃあ寝ようか」……Aの口から出ているらしい泡立つようなぽこぽこという音が聴こえる……Aに起こされる。

★ぽこぽこと湧いてくるものに期待しつつ、怖れつつ。

父親：学校で「海が好き」「スキューバダイビングに行きたい」という主張から5枚のレポートを書いてきた。どう対処すればいいのか。水が好きで考えなく入ってしまうので禁止していたが、好きなことと考えると水しかなくて、スキューバダイビングの本を借りて「シュノーケリングでもやろう」と言っていたところ。海が浅いか深いかに興味があって色が濃く

て深いようなところに惹かれるみたい。Aの様子が気になり始めたのは水溜りでも噴水でも入っていったよちよち歩きの頃。だからと言ってプールはだめ。

#16 「今日も絵2枚描いて、寝ていいよね」／A:【星】／A:【タイヤ】

★#12では「描けなかった」と言った不完全な星型を「星」と断言する。タイヤ2つが接触して立つ。

#17 「今日はまた二人で寝たいから絵は2枚でいいね」／A:【自分の手】／日付を追って正月の報告。「あと25分」と寝る。すぐ静かになり、1分前にThが気づく。

★「二人」という言葉が出ると同時に、タイトルに「自分」という言葉が現れる。自他が分かたれた。

#18 「今日もまた絵2枚で寝ていい？」〈他にしたいことあるの？〉「話がしたい」「保健室で出会ったH先輩についてです」／（スクイグル）／「放課後保健室に残っていたら、3年生のH先輩が来て泣き出した。受験で毎日夜中までお父さんとお母さんがつきっきりで勉強させるそう。かわいそう。お父さんは＊小学校、お母さんは＋小学校の先生で、先生二人がつきっきりなんだ。僕も中1の1学期まではお母さんがつきっきりで、反抗して今は自由。H先輩にも反抗したらと言った。でも反抗っていけないよね」〈必要な時もある〉「うん。で、H先輩と一緒に帰った。H先輩も同じくらいの背」〈双子！〉「違うよ。顔が違う。出会ったんだ」数分、Thの脚にAの脚を接触させて寝る。

★H先輩を分離してこその出会い、Thの脚を分離してこその接触。

第5期（#19〜#28）「1週間長かった」──「妨ちゃん」として

#19 （テニスラケット持参）「そろそろ部活に復帰したいので、絵描いたら素振りして寝てもいいですか」〈ふーん〉／（スクイグル）／Aは自ら率先してスクイグルの後片付けをするが、砂箱の移動が危なっかしくてThが手を添える。／「寝ましょう」〈素振りはいいの？〉「寝て起きて

最後でいい」約30分眠る。Thがぴったりに気づく。Aは大あくび。〈素振りは？〉「もういいです」

父親：何をしたらいいかと何度も携帯に電話がかかってくる。〈電話するのもAの主体的行動〉そういうことなら了解。

★セラピーの場や父親との関係をAが仕切る。

#20　「1週間長かったですね」〈私は宿題抱えていて短かった〉「僕は長かったです」「今日は絵2枚描いたら寝ましょう」／（スクイグル）／片付けをAに任せる／Thの脚にAの脚を接触させて、脚が離れるとまた接触させてを繰り返して30分寝る。

★主観的な時間が流れ始める。

#21　「1週間長かったですね」〈そうかも〉「僕は長く感じました」「毒入り餃子事件」……「絵2枚描いたら寝ようね」／（スクイグル）／クレパスのふたを開けたまま片付けようとするので注意する。／約30分寝る。脚を離して寝ていて途中で思い出したかのように急に接触させる。Thは何度も目覚めるが最終的にAに起こされる。

#22　「ハロー！」〈ハロー！〉「先生だけに秘密を教える」「朝、親が起きる前に抜け出して先輩と＊に行く計画」「先生も知ってる」〈H先輩？〉「何で知ってるんですか？」〈君が話した〉「よく覚えてるんですね」〈あたりまえでしょ。君は言ったことを覚えてないの？〉「はい。覚えてません」〈へ〜〉「男と女の成長って違うんだよね」〈はあ〉／スクイグルはさっさと描いて自分の世界に入る。／片づけで砂をこぼして掃除するが箒が使えない。〈力ないねえ〉「はい。ないです」〈箒で掃除したことないの〉「あんまり」〈そういうこと大切だよ〉／「靴下脱いでいい？」足をソファに上げて寝転がるので、Thは向かい側に椅子を2つ並べて自分の寝場所を作る。ソファと椅子の配置はTの字で、ThはAの姿が視野に入る状態。寝過ごしてThが気づく。

★Aが「素」足をソファに上げたことで、Thは別の椅子へと追い出される。それぞれが自分の寝場所を持ち二人の間に距離が生じる。

#23　「長かったね」〈まあ〉「試験が終わった」「ほっとした」「試験中は家に早く帰るからそれが大変でした」「もう普通です」〈朝出かける話

は？〉「止められた」「先生だけに秘密の話が」〈聞くと気になるからいい〉／（スクイグル）／後片付け／〈足のばす？〉「はい」（Thも椅子2個でTの字）口もにょもにょ、手ひらひらとまるで乳児のよう。Aに起こされる。

父親：家にいるのが嫌で、休みの日も出かけたがるがどこに行ってもうれしそうではない。家が居心地悪いというのはおかしいので何とかしたい。今日もこれから学校へ行く。カンニングをしたらしい。テストを見せた時の親の反応に縛られているからだと思うがどうしたらいいのか。〈Aは確実に成長しているからそれを信じよう〉中3の子と気が合ったみたい。2度会って話したが同じタイプ、そういう子としか関われないようだ。

#24　「長かったね」〈そうかな〉「絵2枚描いたら寝ようね」／A：【千とちひろのかおなし人間】（図11）／後片付け／「今日も足伸ばすよ」と寝て、時間前に二人ともに目覚め、目が合う。「まだ。まだ」時間になり「あ！」と共犯者的に見つめ合う。

★「顔なし」として「顔」が認識され、実体化される。ここで初めてしっかりと目が合った。

以後同様に、スクイグルゲーム、片付け、終了時間まで足を伸ばして眠ることを繰り返す。

#25　A：【星のカービィ】／A：【韓国ビル】

★鉛筆で縁取られた中を真っ赤に「ぐにゅぐにゅ」塗り込めたカービィは、吸い込んだ敵の能力を自分のものにできる力がある。内側を包みながら外側との境界として建つ「韓国ビル」は前面にハングルの表示がある。これはまさに「顔」の本質ではないだろうか。

#27　A：【かわいい妨ちゃん】（図12）／A：【星】

★「坊」を「妨」と間違えたと思われる「かわいい妨ちゃん」はいきいきとして何をしでかすかわからない幼児の顔だ。懸案の星も何とか形にできた。この幼さと不器用さを持ちながら中学生として生きることの困難さを改めて思う。

#28　A：【タイヤ】／A：【信号】Th：【シャワー】

★#16で接触することで立っていたかに見えたタイヤ2つがばらけ、そ

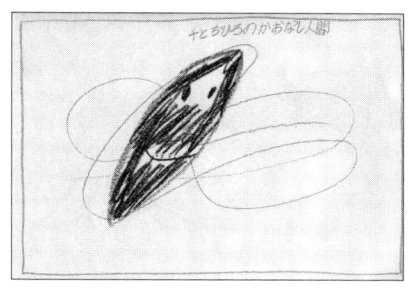

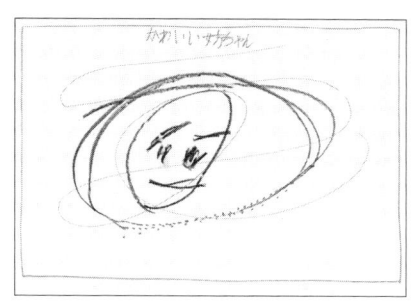

図11 （キャプション上：サトヒロのかおなし人間）

図12 （キャプション上：かわいいすイちゃん）

れぞれ気ままに転がる。はからずも最後となったスクイグルでは、Aは赤青、赤黄青、2つの信号機を描き、Thは「シャワー」を描いた。終了後、「水気ちがい」と自称するAにThが水を浴びせて終わったことに気づく。

相談室閉室によりThの勤務する市外の私設相談室（有料）へとリファーするが、父親からの一方的なキャンセルにより中断、終了となる。

4　考察

面接経過を報告する中で、筆者の事例理解については★印の箇所で細かく触れてきたので、ここでは、以下の2点に絞って、若干の考察を試みる。

(1)　強迫的あり方からの脱却

「はじめに」で述べたように、筆者は、治療関係さえも強制労働のように感じる強迫的なあり方、すなわち心の主体（主観）誕生以前のクライエントには、「嫌と言える面接場面の工夫」「心のリアリティで向き合う面接の工夫」「心の主体（主観）が四つ角で客体（対象）と交差する面接の工

夫」の必要があると考える（渡辺, 2011）。これにのっとり、第1期での筆者はAの強迫的多弁に乗らずに遮る、いわば「嫌」と言い、「嫌」と言える自由な場を作ることで、Aにも「嫌」と言える自由な動きが促進されることを目指した。第2期では、自分とは異なる他者を感じるために有効な手段と考えるスクイグルゲームを、自由な空間であるべきプレイセラピーの場にあえて「強制」として導入し、互いに「強制」を意識することで、「強制」されるからこそ「自由」な動きが発現することを目論んだ。また、今までAの生きてきた予定調和の世界が崩れた#7では予想外の怒りが噴出する。その後に「絵は嫌いです」「寝たいねえ」という実感に根ざしたリアルな言葉が生じるが、このような「腹の底からのリアルな怒りの噴出」と「実感に根ざしたリアルな言葉の表出」は密接な関わりがあると思われる。第3期では、はからずも実際にソファで眠ることになるが、一緒に寝ていても見る夢が異なるように、眠り自体は主観的なもので決して共有できないが、共に寝るという行為は共有できる。これこそが、「心の主体（主観）が四つ角で客体（対象）と交差する面接の工夫」と言えるのではないだろうか。そして、#12で「話せた」と筆者が実感した時、覚醒して四つ角で出会う面接が成就したのではないだろうか。第4期ではAが「絵を2枚にすること」を提案し、第5期では自らスクイグルの後片付けを始めるというように、プレイセラピーの場をAが自由に仕切ることができたことは、Aが強迫的あり方を脱し始めたことを示すと考えられる。

(2) 素顔の模索（描画より）

力の入った作り笑顔で話しかけるAは、河合（1967）がペルソナとの同一視の喩えとして「道化の面がはずれなくなった男の悲哀」について触れているような「素顔とペルソナとが分化した上で素顔の上のペルソナがはずれなくなった悲哀」ではなく、「素顔もペルソナも生まれていない悲哀」であると筆者には思えた。いわば、素顔が誕生する以前に面が刻まれたとでも言えようか。そこにあるのは、自分の「素」がつかめない悲哀である。それを証明するかのように、スクイグルの初回は記号的な笑顔2つ【ぼく

のかいた絵　顔】（図１）で、「なまもの」の顔となるのは＃７で怒りが噴出した後の＃８の「お化けみたいな人」【人と波】（図３）である。＃11では描線に大きく「素顔」（図９）と書いて筆者を驚かせるが、描画【日本の船　化け物】（図８）で描かれた「日の丸」の赤い「ぐにゅぐにゅ」は「素顔」の萌芽であると直観された。漢和辞典（貝塚ら，1959）によれば、「素」という字は「白色の糸」、「赤」という字は「大と火から成り、火がかがやくと大いに燃えることから火の色、あかの意を表す」とあり、「はだか」「むき出し」「あらわ」という意味があるとのことだ。白糸に染められた固有の生命そのものの原点であろうか。ここから実体をもった「素顔」の模索が始まったと考えられる。＃24の【千とちひろのかおなし人間】（図11）で「顔なし」という顔ができ、＃27には、何かやらかしそうないきいきした表情の【かわいい妨ちゃん】（図12）が「赤」で描かれた。２つでバランスを取るかのように立っていたタイヤはばらけてそれぞれに転がり、自らの中に「赤」と「青」が、「赤」と「黄」と「青」があって切り替わる「信号」を描いて面接は終了となった。この「信号」は人と対面するという意味では顔のようなもの、お面のようにかぶるものではなく自ら光るものであり、しかも２色（３色）が切り替わるのである。未だ機械でありデジタルではあるが。

5　むすびにかえて──発達障害の「適応」

　本論文では、高機能自閉症と見立てた中学生男子とのプレイセラピーの過程を、「強迫的あり方からの脱却」と「素顔の模索」という２つの観点から考察した。
　発達障害の本質を心の主体（主観）誕生以前にまどろむものと仮説すると、その誕生を成就しないままに「適応」に向かうとＡのような事態に陥る危険があることは否めない。なぜなら、顔が誕生する前、すなわち「素

顔」を実感する前に、「ペルソナ」とも言えない「ペルソナもどき」が刻み込まれてしまうからだ。この刻印を粉砕して「素顔」が誕生するためにはとりあえず成就されていた「適応」さえも粉砕されねばならず、そのリスクを考えると現状維持のまま「素顔」の誕生を先延ばしにしたくなるのも頷かれる。しかし、成長発達すれば「素顔」は自ら誕生しようとするはずであり、年齢が上がれば上がるだけそのようなリスクも大きくなると考えれば、年齢が低いうちに「素顔」の誕生を促進することの意義は大きいと思われる。昨今の発達障害の増加もまた、このような「『素顔』の誕生の先延ばし」という視点から考えることができるかもしれない。

　このケースは相談室の閉鎖8ヶ月前に出会ったもので、限られた期間でやれるところまでやろうと引き受けてアクセルを踏み続けたが、ここで終了せざるを得なかったのはやはり残念である。主体、主観を奪われた強迫的あり方を脱し、「素顔」を模索しえたＡが、この先の人生をより「実感」をもって歩んでゆくことを期待してやまない。

文　献

貝塚茂樹・藤野岩友・小野忍編（1959）：角川漢和中辞典．角川書店．

河合隼雄（1967）：ユング心理学入門．培風館．

河合俊雄（2010）：はじめに——発達障害と心理療法．河合俊雄編：発達障害への心理療法的アプローチ．創元社．5-26．

河合俊雄（2013）：解説編．河合俊雄編：ユング派心理療法．ミネルヴァ書房．3-92．

小澤勲（2007）：自閉症とは何か．洋泉社．

田中康裕（2009）：成人の発達障害の心理療法．伊藤良子・角野善宏・大山泰宏編：京大心理臨床シリーズ7「発達障害」と心理療法．創元社．184-200．

田中康裕（2010）：大人の発達障害への心理療法的アプローチ——発達障害は張り子の羊の夢を見るか？　河合俊雄編：発達障害への心理療法的アプローチ．創元社．80-104．

渡辺あさよ（2011）：軽度発達障害における『イメージと言葉の乖離』について．ユング心理学研究, 3, 123-142．

渡辺あさよ（2013）：発達障害ボーダーと診断された小学生男児のイメージの世界．河合俊雄編：ユング派心理療法．ミネルヴァ書房．111-127．

● 要約

　筆者（渡辺, 2011）は、発達障害をベースに持つクライエントの問題の中核の1つが「イメージと言葉の乖離」であることから、かかるクライエントとの面接ではイメージにコミットした言葉を紡ぐ練習から始める必要があり、そのための工夫の1つとしての「キャッチボールモデル」を提示した。本稿で報告するのは、それにのっとり、作り笑顔で強迫的に喋り続ける高機能自閉症を疑われる中学生に対して、その実感なき言葉に直球を投げ返しながらスクイグルゲームを強制することで、強迫的なあり方から実感に根付いたあり方へと転換できた事例である。そのプロセスを記述し、「強迫的あり方の脱却」「素顔の模索」という2つの観点から考察した。発達障害の本質を心の主体（主観）誕生以前にあるものと仮定する立場からすると、心の主体（主観）誕生以前に「ペルソナ」とも言えない「ペルソナ」様のものが刻み込まれてしまうことを避けるためにも、「発達障害の『適応』」に向かう以前に、主体（主観）の誕生が必至であると提言する。

　　キーワード：高機能自閉症、強迫的あり方、素顔

A Play-Therapy with a Middle High School Student who Guessed as a High Functioning Autism: 'Finding a Real Face'

WATANABE, Asayo

Shichirigahama Office of Psychotherapy, solala

　In the previous paper, the author showed that therapy with a client of development disorder should be started to give him some words commit to his image because 'gap between client's image and the word' was one of core problems in such a client. In this paper the author reported a play-therapy with a middle high school student who guessed as a high functioning autism and was talkative with a forced smile. In this case, the client changed his obsessive lifestyle into realized one by the author's forcing him to do a scribble game and to cut his talk. The author examined this case by using the following standpoints such as 'break away from a lifestyle with an obsession' and 'find a real face', and came to the conclusion that birth of one's subject before his adapting to the society was necessary to avoid of being 'persona-like' before being his real face, based on the viewpoint that development disorder was a state before bearing one's subject of mind.

Key Words: high functional autism, break away from a lifestyle with an obsession, real face

研究論文

夏目漱石の『夢十夜』に映し出された明治の「集合的心」の考察

吉川 眞理
学習院大学

1 はじめに

(1) 夏目漱石という作家

　漱石は、明治の幕開けと相前後して東京の市井に生まれ育ち、文学を好み俳句など江戸の文芸にも親しんだ。開学まもない東京大学で外国人講師より英文学を学んだ後、松山や熊本で英語の教授を務め、最初の文部省の留学生として1900年のロンドンに派遣された。1年余の滞在において、英国の西洋文明を体験した漱石は、時代に先んじた視点を得て、日本において文学者として生きる道を選んだのである。彼は、『吾輩は猫である』『坊っちゃん』『草枕』といった多くの日本人に親しまれた長編とともに、人間の欲望と罪悪感を見据える視点から近代の日本人を描いた『それから』『門』『彼岸過迄』『行人』『こころ』『明暗』等の作品群でも知られる。またいくつかの短編のすぐれた表現もよく知られており、『夢十夜』もその1つである。

(2) 『夢十夜』について

　1908年、朝日新聞社の依頼で執筆された実験的な作品であり、「こんな

夢を見た」で始まる夢の記述が十夜連なる小品である。この夢を、実際の夢ととらえるのか、あるいは創作されたものとしてとらえるのか、どのようにとらえるべきかについては、これまでも多くの議論がなされてきた。本研究では、漱石が緻密な夢日記を書いていた形跡はないので、これらの十篇の夢は、漱石の夢やあるいは覚醒時のヴィジョンを素材にして意識的な創作の加えられた作品であろうという推定のもとで考察を進めたい。その中で、唯一、関連する実際の夢の記録が残っているものとして、第三夜の夢が挙げられる。「昔、大変な罪悪を冒して其後悉皆忘却して居たのを枕元の壁に掲示の様に張りつけられて大閉口をした夢を見た。何でも其罪悪は人殺しか何かした事であつた」（1905年1月15日、野間真綱宛書簡、夏目, 1905）という夢が核となって、第三夜の夢が展開していると考えられる。

　こうして、『夢十夜』が純粋な夢でなく、意識的な創作が加えられていたとしても、私たちはそれをJungが後年開発したアクティブ・イマジネーションの記録と同様に扱うことができるだろう。

(3)　本研究の視点——『赤の書』と『夢十夜』の対比より

　JungはFreudと決別した後に、「創造的な病」を体験し、社会的活動を制限しながら、アクティブ・イマジネーションを展開させて記録し、何年にもわたる入念な作業を経て『赤の書』を生み出した。彼は、この自身の経験から、アクティブ・イマジネーションが無意識の産物を意識に統合していく作業として有効であることを見出したのである。Jungの『赤の書』は、芸術ではなく、また一般に公開することを意図されたわけでもないが、彼自身の夢のモチーフや、ヴィジョンをもとに、物語の形式にまとめられた心の作業の結晶である。それはJungにとって「創造的な病」の根源と向き合う作業であり、個性化の営みにほかならない。しかし、集合的な視点からこの作業をふりかえってみることも可能である。それは、キリスト教を教義としてではなく、自分自身の心で体験しようとする試みであり、またキリスト教の教義において抑圧されてきた古代的な心や、生き生きと

した生命力を回復しようとする試みであった。さらにキリスト教においてはイエス・キリストの贖いにあずけた罪を取り戻し、引き受けようという挑戦でもあった。それは、Jungの個人的な心の作業であったが、その作業はJungだけではなく、集合的な意味でヨーロッパの精神の新しい展開につながる可能性もあったと考えられる。

　一方、夏目漱石は、1900年から1902年にかけて、ロンドンに留学した時期にうつ状態に陥り、帰国後、母校の国立大学の講師に就任し、文学論を講じた。しかし、自らの文芸の志を断ちがたく、4年間で教職を辞して1907年に新聞社と契約して新聞に連載小説を書く職業作家として新たな出発を果たしたのである。漱石40歳のときであった。『夢十夜』は、長編『虞美人草』に次いで、新聞社の依頼で執筆された2作目である。そこで『夢十夜』には、漱石の留学の体験、その後に続く妄想的気分を伴う危機の体験、教職を辞して職業作家の道を選ぶに至った彼の個人的体験とともに、他の日本人に先がけて、西洋の文明を体験した漱石が、急激な西洋化をもって文明開化と自認する日本の現状に対して抱いた集合的な危惧が反映されていることが予測される。

　そこで、『夢十夜』には、『赤の書』と同様に
　　①漱石の個性化の営みが反映されている
　　②明治時代の日本人の集合的な心、「明治の心」に対する漱石の思いが反映されている
と仮説を立てたい。ただし、『夢十夜』と『赤の書』の相違点として、『夢十夜』は、新聞の読者を意識して書かれた公的な作品であることに対して、『赤の書』は、もっぱらプライベートな作業として取り組まれたものであり、Jung自身は生存中の公開を望んでいなかった点を指摘しておかねばならない。それゆえに、『夢十夜』には、読者の娯楽を意識して、心の本質から離れてしまう側面があると予測されるが、同時に一般の新聞読者を惹きつける集合的な性質を含んでいる可能性も期待できる。なお、ここでは、集合的心という用語を、Jungの用いた文脈で、「社会や民族、人類に共有される意識および無意識の心的過程の総合」として用いたい（Sharp, 1991）。

そこで、本論では『夢十夜』の十篇の夢より、当時の日本人の集合的な心のテーマにかかわり、相互に関連していると思われたもの（第一夜、第三夜、第五夜、第六夜、第七夜、第十夜）を抽出し、明治維新を生きた日本人の集合的な心を浮かび上がらせることを試みる。

2　『夢十夜』の夢の分析

(1)　『夢十夜』における消え去る女性たち

第一夜の夢について
　第一夜の夢は、衝撃的な幕開けである。

　　こんな夢を見た。
　　腕組をして枕元に坐っていると、仰向きに寝た女が、静かな声でもう死にますと云う。女は長い髪を枕に敷いて、輪郭の柔かな瓜実顔をその中に横たえている。（夏目, 1908。以下、『夢十夜』からの引用は本書による）

　この女性は、漱石個人のアニマとみなされるかもしれない。20代の漱石は、嫂の早世への思いをこめた「君ゆきて浮世に花はなかりけり」と詠んだ句を、友人の正岡子規に送っている。死の床についていた嫂の面影が、この女性像の基底にあっても不思議ではないだろう。しかし、一方で、この死にゆく女性像は、明治維新において日本古来の心のあり方が消え去っていく事象を、心のイメージ、すなわちアニマの死としてとらえた漱石による表現であったと考えることができる。
　ここであらためて、漱石の生きた時代、明治維新における日本の心の危機について考えてみたい。日本が、鎌倉時代の元寇以来の侵略の危機に直

面したのは、19世紀の末になって、諸外国が日本の沖合に姿を現すようになり、開国を迫られたときであった。

　すなわち、明治維新の背景には、列強の武力の威嚇の前に開国を強いられた、国家としての日本の傷つきが存在しているのである。さらに、この脅威に対抗するため、日本は、国を挙げて「富国強兵」という現実的な側面の強化をめざしていかねばならなかった。当時の文明開化はすなわち西洋化であった。それは、古来培ってきた、日本独自の心のあり方の棄却を迫られていた集合的な状況ともいえるのである。

　そのような、日本の集合的な心の危機が、第一夜の死にゆく、瓜実顔の女性として浮かび上がってきたと理解できるのである。イメージの意味するものは多義であることを考えれば、この死にゆくアニマ像は、決して漱石の個人的なアニマにとどまらずに、集合的なアニマと考えてもよいのではないだろうか。

　夢見手は、この瓜実顔の女性の指示どおりの手続きをもって彼女を葬り、100年待つことになる。

　　　自分はそれから庭へ下りて、真珠貝で穴を掘った。真珠貝は大きな滑らかな縁の鋭い貝であった。土をすくうたびに、貝の裏に月の光が差してきらきらした。湿めった土の匂いもした。穴はしばらくして掘れた。女をその中に入れた。そうして柔らかい土を、上からそっと掛けた。掛けるたびに真珠貝の裏に月の光が差した。
　　　それから星の破片の落ちたのを拾って来て、かろく土の上へ乗せた。星の破片は丸かった。長い間大空を落ちている間に、角が取れて滑かになったんだろうと思った。自分は苔の上に坐った。これから百年の間こうして待っているんだなと考えながら、腕組をして、丸い墓石を眺めていた。そのうちに、女の云った通り日が東から出た。大きな赤い日であった。それがまた女の云った通り、やがて西へ落ちた。赤いまんまでのっと落ちて行った。一つと自分は勘定した。

　勘定しても、勘定しても、しつくせないほど赤い日が頭の上を通り越し

ていった。

　　　すると石の下から斜に自分の方へ向いて青い茎が伸びて来た。
　　　見る間に長くなってちょうど自分の胸のあたりまで来て留まった。
　　と思うと、すらりと揺らぐ茎の頂に、心持首を傾けていた細長い一輪
　　の蕾が、ふっくらと弁を開いた。真白な百合が鼻の先で骨に徹えるほ
　　ど匂った。
　　　「百年はもう来ていたんだな」とこの時始めて気がついた。

　瓜実顔の女性は、死せる運命を享受する受動的な存在でありながら、そ
こに、ゆるぎない覚悟がみられた。彼女はいったん大地に還るが、真珠貝
による埋葬は、彼女と海との遠いつながりを感じさせる。そして100年の
時を経て、植物として再生するのである。第一夜の夢見手は、「勘定し尽
くせないほど赤い日が頭の上を通り越し」「しまいには苔の生えた丸い石
を眺めて」、100年を過ごしたのである。
　死せるアニマを大地に葬り、海と天の霊気を注ぎ、じっと再生を待つ。
それは、大地をその器とした壮大な死と再生の秘儀としてとらえることが
できるだろう。瓜実顔のアニマは、100年の時を経て、百合に変身し、夢見
手との再会を果たすのである。

第五夜の夢について
　『夢十夜』において語られた、もうひとりの印象的な消え去る女性像は、
第五夜において恋人に会うために馬を駆る女性である。彼女は、植物に変
身した第一夜の女性に対して、より動物のイメージに近い女性像である。
恋人は、生擒(いけどり)となり、死を覚悟した武者である。
　まずここに描かれた武者像に注目したい。
　夢見手は「神代に近い昔、自分がいくさをして運悪く負けたために、生
擒になって、敵の大将の前に引き据えられた」。敵の大将は、長い髯をは
やし、革の帯を占めて、それへ棒のような剣を吊るしていた。この大将像
は、古代氏族の大将を彷彿とさせる。

漱石は、『坊っちゃん』において、坊っちゃんが「これでも元は旗本だ。旗本の元は清和源氏で、多田満仲の後裔だ」（夏目,1906）と自分自身を鼓舞する場面を描いている。自分自身の起源を重ねたこの言葉から推測するに、漱石の理想とする武士像は、戦国時代よりさらに、さかのぼり、その起源の頃の平安時代の雄々しい武者であったのかもしれない。

第五夜に戻ろう。

大将は篝火（かがりび）で自分の顔を見て、「死ぬか生きるかと聞いた。生きると答えると降参するという意味で、死ぬというと屈服しないという事になる」。自分は一言、死ぬと答えた。

ここに、生命よりも、精神的な誇りを大切にする武士像が描かれている。自我を超える何者かに生命をささげる存在である。それは、第二夜にも現れている。しかし、この武者には、死ぬ前にかなえたい望みがあった。死ぬ前に心に思う女に一目会いたいという望みである。

> 大将は夜が明けて鶏が鳴くまでなら待つといった。（中略）自分は大きな藁沓を組み合わしたまま、草の上で女を待っている。

またも「待つ」である。

一方、武者のもとに駆けつける女は、「白い馬を引き出して、鬣を三度なでて高い背にひらりと飛び乗った」「女は細い足でしきりなしに馬の腹をけっている」。

ここで描かれているのは、第一夜の死の床にある女性に比べて、躍動的で本能のエネルギーに満ちた女性である。しかし、天探女（アマノジャク）が鶏の鳴き真似をしたために、女は手綱さばきを誤り、馬は岩の上で諸膝を折って、乗った人もろともに岩の下の淵に落ちていったのである。

一目会いたいという願いはかなわないままに、武者は夜明けとともに殺されたのだろうか。第五夜は、白い馬の女が一途の思いのままに駆けて、まっさかさまに深い淵に落ちていくイメージを残して幕を閉じる。アニマと武者の融合は「天探女」によって阻まれてしまったのである。この「天探女」は何者なのだろうか？

天探女について

　アマノジャクは、昔話にも登場する強烈なトリックスターである。しかし、漱石は、このアマノジャクに、古事記に出現する「天探女〔アマノサグメ〕」という人物名の漢字表記をあてている。まずは、天探女について述べていきたい。古事記において、天孫降臨に先立って葦原の中つ国に使わされた天若日子〔アメノワカヒコ〕に、誤った神託を伝えて彼を死に追いやった巫女が天探女であった。天照大御神と高木の神がつかわせた雉の鳴き声について「この鳥のその鳴く音いと悪し。彼、射殺すべし」と告げ、天若日子はこれに従ったのである。彼女は、神の意をゆがめて天若日子に告げ、結果的に天若日子の死をもたらしたということになる。

　古事記において、誤った雉の鳴き声の解釈を伝えることで、天照大御神と天若日子の絆を断ったのと同様に、この『夢十夜』における天探女は、偽りの鶏の鳴き声によって、生擒になった武者と白い馬の女の出会いを、断ち切る存在として描かれているのである。

　天探女は、巫女として神の意図を解釈する役割を担っていた。それは、古代的で未分化な「意識」の機能ともいえるだろう。それは必ずしも正確とは限らない。その不正確な恣意的な意識の介在ゆえに、雄々しい武者と白い馬の女の本能的な結合が阻まれたのである。

「消え去る女性」をめぐる考察

　漱石の『夢十夜』において、死にゆく瓜実顔の女性、天探女の計略で深い淵に白い馬とともに落下する女性が出現した。

　一方は植物的なアニマ、他方は動物的なアニマといえるだろう。いずれも自然に近いアニマ像であり、いずれも夢見手と結ばれることなく去っていく。

　河合隼雄は、著書『昔話と日本人の心』において、日本の昔話における「消え去る女性」像について論じている。河合の紹介した昔話の「うぐいすの里」では、男性が見るなの座敷の禁を犯したことを知り、女は1羽のうぐいすとなって、飛び去ってしまう。河合は、この日本の昔話を、グリム童話の「忠臣ヨハネス」に対比させている。美しい絵姿の女性を見た若

い王が、忠臣ヨハネスのはたらきによって、この女性との結婚を成就するグリム童話に対して、日本の昔話「うぐいすの里」では、禁令を犯して座敷を見た若者が、最後の場面ですべてを失った無の状態に至るのである。河合は、「そこで何も起こらなかった、ことを積極的に評価してはどうだろうか」（河合, 1982）と提案する。さらに「黙って消え去っていく女性に対して感じるあわれの感情を抜きにして、この物語の全体を論じることはできない」とし、さらに「悲しく立ち去っていく、うぐいすの姿によって、私たちの美意識は完成される」（河合, 1982）と述べているのである。河合は、消え去る女性に深い共感を寄せ、これを見つめる者の美意識に言及する。その共感や美意識は、『夢十夜』の第一夜、第五夜に書き込まれた漱石の思いと重なる点が興味深い。

　日本の昔話において、見ること、知ることによって、女性が消え去っていく。これは何を意味するのだろうか？　1つの解釈を展開させてみたい。私たちは、心を見る／知ることによって、それを客体とし、その瞬間、それを生きること、それと一体である関係を失うのである。それは、心との一体的関係の破壊にほかならない。Jung は、アニマ像を、内的な心とのつながりの象徴としてとらえていた。心は、意識的な探索によって破壊されてしまうはかなさをもつ。このとき、意識の側に立てば、心を発見し、それを知るという獲得の体験となる。しかし、反対に心の側からみると、それは暴かれ、裏切られ、破壊される体験となる。河合の論じた「忠臣ヨハネス」と「うぐいすの里」の対比より、明治維新前の日本人は、グリム童話が採録された当時のヨーロッパ人と比較すると、意識よりも、無意識の心の側の視点からものごとをとらえようとする傾向が強いことがうかがわれるのである。

　『夢十夜』においても、天探女に表象された「小賢しい」意識によって、それは深淵へと突き落とされてしまうのである。

　こうして『夢十夜』には、明治維新において、日本が西洋文化と出会い、「近代的な意識」をもつことによって、日本人がその心との本来のつながりを失いつつあることが描かれていると理解することができる。生き生きとした心の世界との交流が新しい意識の獲得によって失われつつあること

を、じっと見つめる漱石の意識の視点、これを弔い、さらにその再生を希望する漱石の美的な感覚が書き込まれているとも考えられるのである。

(2)　明治における文明開化の影の側面

第六夜の夢について

　急激な西欧化による近代化を進める明治において、失われたのは、心の女性的な側面とのつながりだけではなかった。それは同時に、心がその男性的な側面とのつながりを失う危機でもあった。第六夜の夢は、その危機を示唆している。

　第六夜において、夢見手は、「運慶が護国寺の山門で仁王を刻んでいると云う評判だから、散歩ながら行ってみる」。そこには明治の人間がたくさん見物に集まっていた。「あの鑿と槌の使い方を見給え。大自在の妙境に達している」という感嘆の声を上げた男に対して、夢見手は「よくああ無造作に鑿を使って、思うような眉や鼻ができるものだな」と話しかけた。すると、その男は「なに、あれば眉や鼻を鑿で作るんじゃない。あの通りの眉や鼻が木の中に埋まっているのを、鑿と槌の力で掘り出すまでだ。まるで土の中から石を掘り出すようなものだから決して間違うはずはない」と説いたのである。この言葉を聞いた夢見手は、「急に自分で仁王が彫ってみたくなり」自宅に積んである薪を片っ端から彫ってみたが、仁王を彫ることはできなかった。どの木も仁王を蔵してはいなかったのである。そして「ついに明治の木には到底仁王は埋まっていないものだ」と思い至るのである。

　日本における仏像の変遷は、中国から運ばれた仏像や、渡来した仏師による作風の影響を受けながら、時代の推移とともに、少しずつ日本独自の表現を生み出す経緯を反映している。寺院内に仏敵が侵入することを防ぐ守護神としての仁王像は上半身裸形で、筋骨隆々とし、全身をもって怒りを表す。運慶の仁王像は、鎌倉時代に花開いた日本独自の男性的精神の見事な造形的表現であるといえるだろう。第六夜では、運慶の「大自在の妙境」において「仁王」が立ち現れてくる様が語られる。それは、仏師が意

図的に作り上げるのではなく、埋まっているものが「掘り出される」のである。しかし、夢見手が「明治の木には到底仁王が埋まっていない」と思い至るとき、明治の時代において、日本文化において一度は立ち現れた男性性とのつながりが失われてしまったことを示唆しているのではないだろうか。

漱石は明治44年（1911年）の「現代日本の開化」と題した講演において以下のように語っている。「日本の開化はあの時から急激に曲折し始めたのであります。また曲折しなければならないほどの衝撃を受けたのであります」「今まで内発的に展開してきたのが、急に自己本位の能力を失って外から無理矢理押し出されて否応なしにその言うとおりにしなければ立ち行かないという有り様になったのであります」（夏目, 1911）。

漱石は、開国とともに、日本の「内発性」が抑制され、その主体性を失ったことを鋭く見抜いている。この内発性は、日本の内面から立ち上がる陽の力、生命力といってもよいだろう。第六夜で語られた、木の中に埋もれた仁王を彫り出す運慶は、この「内発性」あるいは「自己本位の能力」を自在に発現させる名手なのである。しかし、夢見手がいかにその技を真似ようとしてもむなしく徒労に終わってしまうのである。

このように、『夢十夜』は、明治維新において近代的意識を取り入れた日本人が、女性、男性の両方の姿で表象されたその心の本性的な側面と切り離され、つながりを見失ってしまったことを浮かび上がらせたのである。

さらに、この近代的意識の獲得とともに、私たちは、新たな重荷と直面しなければならなくなった。第三夜の夢は、それを示唆しているように思われる。

第三夜の夢について

第三夜には、第一夜とは逆の100年前の因縁が語られている。夢の冒頭で夢見手は6歳になる自分の子をおぶって田の中の道を歩むうちに、いつのまにか子どもの目がつぶれて青坊主になっている。道は森の中に入っていく。「ただ背中に小さい小僧がくっついていて、その小僧が自分の過去、現在、未来をことごとく照らしていて、寸分の事実も漏らさない鏡のよう

に光っている。しかもそれが自分の子である。そして盲目である」。

その子は、「ここだ、ここだ。ちょうどその杉の根のところだ」「お前が俺を殺したのは、今からちょうど百年前だね」と告げる。夢見手は、この言葉を聞いて「ここで一人の盲目を殺した」という自覚が、忽然と頭の中に起こる。「おれは人殺しであったんだなと初めて気が付いた途端に、背中の子が急に石地蔵のように重くなった」。

近代的意識をもつことは、心の中の盲目性を殺すことにほかならない。近代的意識の視点という、新たな目を開くことによって、私たちは、自身が本能的な存在であり、その利己性ゆえに、潜在的可能性としても人を殺しうる存在であることを自認せざるを得ない。つまり、近代的意識をもつことで、人は自己が「人殺し」になりうることに気づくのである。そして、それが未然であれ、可能性としてのその罪を背負うことが、近代的意識をもつ自我の宿命であるといえるのである。

近代的意識と罪の自認

この罪を背負うことの苦しみを、漱石は『こころ』という作品で扱っている。

『こころ』における「先生」は、乃木大将の殉死に衝撃を受ける。乃木大将の遺書によれば、彼は死をもって過去の戦場での失敗の責任を贖うことを切に望んできたのだという。35年間生きながらえながら、その機を待ち続け、明治天皇の大喪の日にようやくその思いを遂げたのであった。「先生」は、その35年の苦しみに深く共感し、自分自身は、明治天皇にではなく、明治天皇が体現してきた「明治の精神」に殉死すると若い主人公に伝える遺書を残したのである。

ここで語られた「明治の精神」はどのような精神を指しているのか？その問いかけは今も多くの文学研究者に引き継がれている。この問いに対して、心理臨床家として、1つの答えを提起することが許されるとするならば、それは近代的意識の宿命としての罪の意識を担いつつ、なおもつらいその生を生き続けようとする意志ではないだろうか。

明治維新によってもたらされた近代的意識をもつ「先生」は、漱石の分

身として、自らの利己性を自認し、他者を「殺して」生きているという自覚をもち、その罪の意識を背負って生きていたのである。「先生」は、この精神は、若い世代には到底理解されないであろうと危惧しながらも遺書を記す。発表当時、『心――先生の遺書』というタイトルであったこの作品は、漱石の47歳のときのものであった。第三夜のイメージは、日本人は何かを「失った」ばかりではなく、何かを「殺し」てきたことの自覚の瞬間を描く。それは、近代的意識による罪との直面であった。漱石は、この罪を背負いつつ生きることの自覚の重さを私たちに伝えようとしてきたように思われるのである。

　この近代的意識のもたらす文明開化とは、当時の明治や大正を生きた日本人の多くが誤解していたような華々しいものでは決してなく、むしろ苦渋の道のりであるべきことを漱石は語っているのである。だからこそ、作品『こころ』において、漱石の焦点は、当時、国民的な軍国の英雄として祭り上げられた乃木大将の殉死それ自体ではなく、乃木大将が罪を背負いながら歩み続けた35年間の人生の過程に向けられていたのである。

　何かを失い、何かを殺すことを自覚し、その罪をしっかり背負うこともなく、表面的、物質的な、近代化の波に乗る日本の姿は、どんどん「落ちていく日を追いかけるように」航行を続ける第七夜の大きな船に、重ねられている。

　　　或時サローンに這入ったら派手な衣裳を着た若い女が向うむきになって、洋琴ピアノを弾いていた。その傍に背の高い立派な男が立って、唱歌を唄っている。その口が大変大きく見えた。けれども二人は二人以外の事にはまるで頓着していない様子であった。船に乗っている事さえ忘れているようであった。

　この情景に絶望した夢見手は船から身を投げるが、その瞬間、「どこへ行くんだか判らない船でも、やっぱり乗っている方がよかったと始めて悟り」激しく後悔する。しかし、時すでに遅く取り返しがつかない。漱石の作品の中では、何度か自殺が扱われているが、漱石自身は、相当不安定な

心理状態の中で強い厭世的気分を抱えながらも、自殺企図の記録はない。彼はおそらく作品の中の登場人物に代理的に自殺をさせることで、自殺した瞬間の後悔を想像し、これを踏みとどまっていたように思われるのである。

第十夜では、立派な服装をした女性に誘われて電車に乗り草原に出かけた庄太郎を待ち受けていた試練が語られる。

　　女は庄太郎に、ここから飛び込んで御覧なさいと云った。底を覗いて見ると、切岸は見えるが底は見えない。庄太郎はまたパナマの帽子を脱いで再三辞退した。すると女が、もし思い切って飛び込まなければ、豚に舐められますが好うござんすかと聞いた。庄太郎は豚と雲右衛門が大嫌いだった。けれども命には易えられないと思って、やっぱり飛び込むのを見合せていた。ところへ豚が一匹鼻を鳴らして来た。

　庄太郎は、崖から飛び下りる勇気をもてないまま、次々と突進してくる豚の鼻先を1頭、また1頭、ステッキで打ち据え続け、疲弊困憊の末、ついに豚に舐められてしまう。ここで女性が指示した崖から「飛び込む」ことは、何を意味するのだろうか？　それは、波のように次々と押し寄せる豚から逃れる唯一の道であった。庄太郎は、「命には易えられないので」それを辞退する。庄太郎の生き続けたいという素朴な欲望は、死への恐怖を喚起する。飛び込むことは、この生への欲望や、死への恐怖を超越することを意味すると思われる。

　しかし、庄太郎はこれに向かうことができず、豚との際限のない闘いの中で消耗してしまうのである。このお気楽な庄太郎の哀れな末路は、罪の意識を背負うことなく、欲望のままに、富国強兵を推し進め、やがては無謀な開戦への道をたどり、大日本帝国の滅びへと至った日本の将来を予知していたかのようである。当時の漱石は、日本が日露戦争の後、韓国、中国へと進出し、西洋諸国にならって帝国主義のもとで植民地政策を進めようとしていた動きについて、深い憂慮を抱いていたと考えられる。

3　結論

　『夢十夜』を、夢とヴィジョンと創作の融合した作品ととらえ、読み解いてきた。それは漱石の深層の心象風景であり、もちろん彼個人の来歴の刻印も刻まれているが、同時に彼の生きた時代の集合的な心性も反映されているという仮定のもとで、本論では、特に『夢十夜』に明治の集合的な心を読み取る試みを行った。

　『夢十夜』という短編を通して、漱石が、西洋化をもてはやし有頂天になっている日本人を見つめていた視点、失われてしまった心の本性とのつながりを悼みつつ、虚無感を抱いていたことを読み取ることができた。

　漱石が危惧したように、明治維新から出発した大日本帝国は、植民地政策や太平洋戦争に乗り出し、悲惨な敗戦という終焉を迎えることになった。戦後の世代の日本人は、この終焉をどのように受け止めて、またその罪をどのように背負ってきたのだろうか？　そして新たな道をどのように探索してきたのだろうか？

　現代の日本に生きる私たちは、漱石の『夢十夜』の執筆から数えてすでに100年を過ぎこしてきた。『夢十夜』の第一夜では、死んだ女性は百合の花に変身して復活した。ここで、私たちは、私たち自身の心とのつながりを回復できているかどうかを自問する必要があるだろう。そのつながりのイメージは、月光と赤い日を浴びて100年の後に、苔むした丸い石の下から夢見手に向かって伸びる真っ白な百合の花として表象されている。それは、第五夜では、白馬にまたがって夢見手のもとに駆けつける、生命力あふれる女性としても現れた。しかし、この女性にみられる本性的な力も、誤った「解釈」を伝える天探女（アマノジャク）によって、心ならずも深淵に葬られてしまう。それでも、この第五夜において、心の男性的な側面と女性的な側面との間にはたらく互いに引き合う強い力が描かれていることに着目しておきたい。それは、Jungの研究した錬金術の視点からとらえると、日本人の心における男性性と女性性の二極の合一に向けた動きを示唆しているかも

しれない。また第六夜で語られた通り、明治の木には仁王は埋まっていなかったが、「大自在の妙境」で鑿と槌を使う運慶は、今も私たちの中に生きているのである。時代の木の中に埋まっているものを、的確に掘り出す技は、漱石の述べた「自己本位」の開化をゆっくりと続けていく営みにほかならない。それは、心における内発的な動きをとらえ、その内発性を損なうことのないようにゆっくりと形を成す過程を生きることであろう。それは Jung のいう自己実現にも通じる過程といえるのである。

　第三夜で語られた罪の意識を抱えることの難しさは、植民地政策の中で他国に侵略した大日本帝国の罪を、新たな国家として出発した日本がどのように背負うべきかという大きな課題につながっている。また、第七夜や第十夜においては、明治においてすでに欲望のままに物質的な繁栄を求める方向をとっていた日本の行く末についての、漱石の悲観的な予測が語られていた。現代日本を生きる私たちは、この物質的な欲望を超越することができるのだろうか？　欲望をめぐる葛藤への囚われから解放された新たな生き方を見出すことができるのだろうか？

　本研究において、『夢十夜』における漱石のイメージを精査する中で、浮かび上がってきた集合的な水準における日本人の心の探求のテーマをまとめると、それは本性的な心あるいは自然なる心とのつながりの喪失と回復（第一夜）、心の内発性すなわち自己本位／主体性の喪失と発見（第六夜）、自然なる心と、内発性、自己本位の主体性との結合（第五夜）、罪の自認（第三夜）、さらには欲望の超越（第七夜・第十夜）に集約することができるだろう。

　Jung の『赤の書』に現れたテーマが、その後の Jung の研究において展開されたように、『夢十夜』において浮かび上がったテーマは、その後の漱石の著作の核となった。漱石は、すでに近代日本の創生期である明治において、日本人の集合的な心の問題に取り組んでいたのである。漱石は、大日本帝国の暴走の危惧を感じ取りつつ、個としての人間の利己性を見つめ文芸に表現しようとした作家であった。戦後を生きる私たちが、この歴史を見つめ直すとき、すでに明治時代において個と集合性について思索を展開した漱石の著作を、その起点としてとらえることの意義は深いと思わ

れる。

文　献

河合隼雄（1982）：昔話と日本人の心．岩波書店．32.

夏目漱石（1905）：野間真綱宛書簡．漱石全集第14巻　書簡集　第二刷．岩波書店．1976. 269.

夏目漱石（1906）：坊っちゃん．漱石全集第2巻　短編集　第二刷．岩波書店．1975. 239.

夏目漱石（1908）：夢十夜．漱石全集第8巻　小品集　第二刷．岩波書店．1975. 32.

夏目漱石（1911）：現代日本の開化．三好行雄編（1986）：漱石文明論集．岩波書店．26-27.

Sharp, D. (1991)：*Jung Lexicon*. Inner City Books. 35, 107.

● 要約

　本研究において、『夢十夜』で漱石が扱った幻想的なイメージの精査を通して、明治時代における集合的な日本人の心が浮かび上がった。この集合的な日本人の心は、5つのモチーフにまとめて論じられた。5つのモチーフは以下の通りである。第一夜における自然としての心とのつながりの喪失と回復、第六夜における心の内発性、自己本位すなわち主体性の喪失、第五夜における心の女性的な側面と、内発性、主体性とも表される男性的な側面との結合への動きとその失敗、第三夜における利己的であることの罪の自認、さらには第七夜と第十夜の欲望の超越に集約された。Jungの『赤の書』に現れたテーマが、その後のJungの研究において展開されたように、『夢十夜』において浮かび上がったテーマは、その後の漱石の著作の核となったと考えることができる。そこで近代日本の創生期である明治において、日本人の集合的な心の問題に取り組んでいた作家としての漱石の姿が明らかになった。

　　　キーワード：集合的な心、夏目漱石、『赤の書』

On the Japanese Collective Psyche of Meiji Reflected in "Ten Night's Dream" by Soseki Natsume

YOSHIKAWA, Mari

Gakushuin University

　In present study, Japanese collective psyche was examined through images which Soseki Natsume treated in his visionary short story, "Ten Night's Dream". The collective psyche in Meiji Era was argued summarizing in 5 motifs; The loss and restoration of link to the natural side of psyche in "The First Night", the loss and recovery of spontaneity or focusing on ourselves in "The Sixth Night", the union between feminine side and masculine side in "The Fifth Night", the acknowledgement of guilty of egocentricity in "The Third Night", and the transcendence of desire in "The Seventh Night" and "The Tenth Nights". These motifs seem to be essential elements for his later works, like the motifs in Jung's "Red Book" were source of his creative work in later life. Now we've found Soseki as a man of literary who worked on collective psyche at the beginning of modern Japan.

Key Words: collective psyche, Soseki Natsume, "The Red Book"

研究論文

性被害を契機にした身体と女性性における解離の解消過程
"見る"ことと"見られる"ことという視点から

坂 田 真 穂
京都大学大学院教育学研究科

1　はじめに

　若い女性との会話において、恋人との同棲を隠す人に出会うことは少なくなった。現代は、大学生の男女が泊りがけの旅行に行くのも親公認のことが多く、場合によっては相手の実家に泊まることもあるらしい。無垢な乙女が結婚によって男性に出会い、女性性に開かれていくというのは、もはや神話の世界だけに展開されるストーリーなのであろうか。
　性がオープンになり、精神的成熟を伴う恋愛を経験する前に、身体的に異性との関係を経験してしまう現代社会において、性は神秘的で特別なものではなくなりつつある。本稿で取り上げる事例もまた、男性との関係には開かれているものの、女性性の成熟は果たせていない若い女性との面接過程である。性被害を契機に心理面接を始めた事例ではあるが、そのプロセスでは、事件によるPTSDの治療というよりも、自らの女性性への問いが繰り返された。
　この事例を元に、本稿では、現代日本における女性性の成熟のあり方を検討したい。従来は、性という身体への侵入から始まることの多かった女性の心理的成熟が、性のありようが変化した現代ではどのようにして達成され得るのか、神話や昔話における女性性成熟のモチーフを用いつつ論じる。

2　事例の概要と面接経過

　本事例の発表にあたって、クライエント本人からの許可は得てあるが、プライバシー保護のため、事例の本質は変えない程度に、内容の省略と修正を加えてある。事例の概要は以下の通りである。

クライエント：A子（22歳、女性、流行のファッションとメイク、可愛らしい顔つき）。
主訴：性被害に遭ったことがきっかけで人が怖くなり仕事に行けない。
家族構成：父（会社員）、母（パート）、姉（24歳、アルバイト）、本人（22歳）。
生育歴と問題歴：A子には、可視的な身体的病変があり、そのことで生活に支障をきたすことはないものの、子ども時代から高校まではそれが原因で「派手なグループ」の男女にからかわれた。しかし、短大入学後、自分も「派手」になってからは、その病変部分に注がれる視線を跳ね返せるようになった。ところが、就職して2年目に入り、同僚男性B（初対面）宅で、同僚の友人たち（同世代の男女混合6人）と飲み会をした際に、A子が泥酔したことでBの家に1人残され、酩酊状態の中、Bと望まない性交渉をもった。A子によると、被害後、酔いから醒めた時刻は午前4時半であったにもかかわらず、「帰るアシがない」という理由で午前7時半までBと2人きりでB宅にいたという。そのため、Bは合意だと思い込んでいたが、A子には強姦として体験されたため、それ以降「人が怖くて仕事にも行けない」状態になった。

　以後の面接経過の記述において、セラピストをThと表記し、セラピストの発言を〈　〉、クライエントの発言を「　」、それ以外の人の発言を『　』とする。

第 1 期（＃ 1 ～＃ 54） 事件から 1 度目の回復まで

　当日の正午ごろ、聞き取りづらいほど小さな声で本人から面接予約の連絡が入った。入室したときから、目が充血しているように真っ赤で、身体はぶるぶると震え、面接中も震えが止まらない右手を左手で必死で抑えながらなんとか話す。そうかと思えば、突然「もう何もかもめちゃくちゃ！死にたい！」と叫んで泣き出したりした。事件は 1 週間前に発生していたにもかかわらず、まるで今起きた出来事であるかのようにＡ子は取り乱していた。Th は、事件のあり方やＡ子の取り乱し方に違和感を感じたが、Ａ子の様子からは、被害に遭ったことで心底嫌悪を感じ、パニックに陥っていることは疑いようがなかった。「もう、嫌～っ」とのけぞって泣き喚きながら、Ａ子は事件について話し、「私が悪いの～!?」と癇癪を起こした。事件について語る中で、次々に出てくる言葉の合間に、性とは無関係な身体の一部位を指す言葉が挟まれ、それをＢに見られたと泣き叫ぶのが気にかかった。そこで、Th が尋ねると、Ａ子のその身体部分には可視的な病変があることがわかった（＃ 1 ）。

　その翌週、母親に連れられて来談したＡ子は、前回長かった髪をセミロングにしていた。このパニック状態の中、ヘアサロンに行ったのだろうかと Th が不思議に思っていると、前回の長い髪はエクステンションで、自宅でパニックになった際に、暴れて自分で引きちぎってしまったのだという。また、Ａ子の上司がＢをかばうような発言をしたことについて話すうちに、Ａ子は、髪をかきむしったりのけぞるなど、面接中にもひどく興奮し始めた。しかし、Th が静かに声をかけるうち次第に落ち着いてくるのだった（＃ 2 ）。面接には、大抵、母か父が同伴し、終わるまでじっと外で待つその献身ぶりが印象的であった。そんな中、「怖い夢をみた」と、Ａ子より自発的に夢が語られた。

　夢：Ａ子が車を運転しており、友人か誰かが助手席に乗っている。すると、前にトンネルが現れる。どうやら中で玉突き事故を起こしているようで、煙や火が出ている。慌ててブレーキを踏むが間に合わず、

自分もトンネルの中に突っ込んでしまう。

　「Bは私がイヤって言ったのを『それは"かまわない"というレベルの"イヤ"だと思った』らしいです。"かまわない"レベルって何!?」とA子がおかしそうに笑ったことにThは少し驚いた。A子はそうやって笑う一方で、「でも次回の面接日は、(別所での研修を終えた)Bが戻って来るので、今後ここに来るのが怖い」と言うと、再び右手に左手で爪を立ててぶるぶると震え始めた(#4)。また、A子は事件後、人に会うことを恐れるようになったことについて「私を見られたくない。あんなことがあったから」と話した(#5)。#8では、Thには、次第にA子が落ち着いてきたように見えたが、A子自身は「全然良くならない」と言い、「死ぬ予定で、ノートに事件前日からの流れと気持ちを綴り始めた」と言った。しかし、そんなことを言いながら「○○さんがかっこいい」「男性を紹介してもらった」などとのんきな様子も見せるのであった。

　その後、A子は父親に叱られたことが原因で友人を巻き込んだ自殺未遂を企てた(#9)が、それはどこか演技的であったし、また面接の帰りに偶然Bと遭遇し廊下に寝転んで泣き叫んだ(#10)が、それは友人や家族を前にした派手な行動化にも思われた。両親も友人も、そんなA子をまるで腫れ物に触るように扱ったが、A子自身は、友人から男性を次々に紹介してもらう毎日であった。男性による性被害が契機で不安定になっているにもかかわらず、A子は男性と出会うことに執着しているように見えた(#16)。

　#18では、友人たちが結婚や同棲をする中、「私ひとりがなぜこんな目に遭って不幸なのか」と泣き、「私のようにチャラい女の子は好かれない。でも、私だってこうなりたくてなったんじゃない！　私は自分に自信が無いから！」とA子は言った。そして、「派手なスポーツカーに乗っている男ほどキモイのと同じ！」と続けた。流行のファッションと髪形、メイクに身を包んだA子が、包み隠してきたのは"キモい男"と相通じるほど嫌悪する"本体"だというのかとThは思った。そして、A子が「チャラい」外見になったのは、「派手な」男と付き合ってからであり、自分も「派手」

になってからは、その病変部分に向けられる人の目を跳ね返せる強さがもてたことが語られた。A子は、「中学時代・高校時代はいい思い出がない」と言い、それは、身体的病変のことで「派手な子たち」にからかわれてきたためだと言った。当時のエピソードとして、ある日、A子が病変部分が見えない服で街に出たところ、学校でA子をからかっていた男子がA子だと気づかず、『可愛い』と声をかけてきたという。そのことについてA子は、病変部分が見えないと私だとわからないのか、と厭世的に言った。「派手な元彼もそういう苦手な人種だった。だから、好かれようと必死になった」。A子は、元彼を通じて、苦手だけど受け入れられたかった人種の仲間入りを果たしたのだった。

　その後、一転して、A子は、彼女をよく知る友人の目が怖いと言い始めた（＃21）。友人が「(事件を)『なんでもないことだろう』と思っているんじゃないかと思う」とのこと。Thがその言葉の意味を考えているとA子のほうから、「まぁ、なんでもないことなんですけどね」とあっけらかんとした様子で言葉を続けた。これまで事件のことで取り乱してきたA子が「なんでもないこと」と言ってのけたことにThが驚いていると、A子は「これまでだって酔って初対面の人と（性行為を）やってしまうことは何回もあった。友達はそれもよく知っているから」と淡々と言った。驚いたThが〈じゃあ、なぜ今回（の事件で）はしんどくなったの？〉と尋ねると、A子は「今回しんどくなったのは、身体的病変を見られたことがだめだった」と即答した。これまでの男性との性行為において病変部分を見られてきたことは、A子にとっては「私が許可しているから大丈夫」なのであり、「Bは私の許可無く見た」ことが許せないのだと怒りを露わにした。A子は、性行為そのものより、病変部分を見られたことへの傷つきがあると言う一方で、「私は汚れた。私を見られたくない」と性的傷つきを訴えることもあり、その間を揺れ動いていた。

　この頃になると、これまでは病変部分が見えない洋服で来談していたA子が、過剰なまでに病変部分を露出したファッションで来談することが増えた。先日コンパで出会った男性から付き合ってほしいと言われたが、A子は、病変部分のことや事件のことを伝え、保留にしたという（＃43）。

「(病変部分のことは)カウンセリングをしているうちに受け入れられるようになって、今では、今まで着れなかった服も着れるようになった。でも、彼が受け入れられるか気になる」と、意外なほど慎重な姿勢を示した。〈カウンセリングに来たのは事件からだけど、それで身体を出せるようになった、って不思議だね。でも、その反面、事件のことと身体のことは同じことだったって気もする〉とThが言うと、「同じよ。これまで飲んで(性行為を)やったことくらいあったけど、今回は病変部分を見られたことでこうなった。あの軽い私なら遅かれ早かれこうなった。Bでよかった。下手したらまわされてたかもしれないし」と言った。#53の後、A子は腹部の腫瘍が発見され、1週間の入院となった。腫瘍は無事取り除かれ、その間毎日見舞ってくれたコンパの彼と付き合うことになった。

第2期（#55〜#92） 事件の日と症状化

　この時期になると、パニックや癲癇を起こすことはほとんど見られず、恋人ができたことでA子の私生活は充実していた。また、#65では、クリスマス休暇を利用して恋人と泊まりがけの旅行に出かけるなど、男性との身体的接触も問題なくもてているようであった。A子は、ほぼ完全に職場復帰を果たし、精神的にも安定した状態が続いた。一方で、既に完治しているはずの腫瘍部分の痛みや、原因不明の難聴が発症し、体調面での不調に代えた訴えが続いた。また、面接では内的葛藤などについて話されることは激減した。

　ところが、#68では急激にA子の様子が変わっていた。数日前に、恋人といつものように性関係をもとうとしたところ、突然パニックを起こしたとのこと。そこから、数週間後に控えた、昨年被害に遭った日に向けて、A子の状態はみるみる崩れていった。そして、事件の日を境にA子は再びひどい恐怖感を訴え、パニックを頻回に起こすようになった。いったんは職場に着いたもののそこで周囲の目も気にせず泣き叫び、上司からの連絡で母親が迎えに行くこともあった。そんな状態が続いたため、A子は再び病休に入った。しかし、被害に遭った日が過ぎると、またA子の状態は落

ち着いていくのだった。

第3期（♯93〜♯115）　落雷と出発

　A子は、別の会社にアルバイトとして転職し（♯101）、その後、「仕事はやっていける。休みも少ないので、今後は面接を1ヶ月に1回に減らしたい」と希望した。Thは、A子の希望を尊重し、以後面接は月1回とした（♯104）。たしかに、A子は仕事も順調で、休日は、母親とライブに行ったり、恋人と外食に出かけたりして毎日を楽しんでいた。しかし、そんな矢先、A子は"9人レイプした犯人が懲役50年"というニュースを見て突然パニックになり、それ以後、再び仕事に行けなくなった（♯106）。ニュースで事件を想起し不安定になったという形をとっているものの、その背景には翌月に事件の日が近づいていることが関係しているのではないかとThは考えた。Thは、A子の問題は事件のPTSDではなく、別のところにあるにもかかわらず、事件の日が近づく度事件そのものに舞い戻ってしまい、A子が本当に向き合うべきものに向き合えていないという印象を持ち続けていた。この頃、事件の示談が成立しようとしていたが、A子自身は「終わらなくちゃ、としんどくなった。お母さんはそのお金で家族旅行に行って忘れようと言うけど、私は、何か違うと感じる」と苦しんでいた（♯107）。3度目の事件の日が近づく中、ThはA子とともに、A子が本当に苦しく感じているものにきちんと向き合わなくてはならないと感じ、思い切って、〈あなたの気持ちが終わっていないのはよくわかる。けれど、この事件があなたの中でどういう意味をもつのか、ちゃんと向き合って考えないと終わらないと思う〉と伝えた。そして、〈あなたは、以前カウンセリングで、事件の相手が『Bでよかった』と言った。前回、"9人レイプした人"の話でパニックになったけど、あなたの事件はそれと同じかな〉と尋ね、きょとんとするA子に〈（行為の間）あなたの名前をずっと呼んでいたというBは、少なくともその時あなたを粗末に扱ったのではないように感じるんだけど……〉と、Th自身の印象を初めて率直に伝えた。A子は、Thの言葉の意外さに驚いたようであったが、しばらくして、「Bは、

親戚じゅうから示談のお金を集めてくれたって」と、穏やかな口調で言った。そして、示談を実感するために、銀行に示談金を目で確かめに行って来ると話した。＃107の後、Ａ子が早速銀行へ示談金を確認に行ったところ、入金されて間もないにもかかわらず、それは既に半分になっていた。親がローンに払ったという事実に、Ｔｈは、献身的な親のもう１つの顔を見た気がした。

今年も事件の日が数日後に近づいていたが、Ａ子は「しんどい」というものの、これまでのこの時期とは明らかに様子が違っていた。そして、「私の夢は、船で世界一周の一人旅をすること」と話し、恋人に『一人きりで３ヶ月も旅行に行くなら別れる』と猛反対されたが、「たぶんもう答えは私の中で決まっている」のだと言った。その後、世界一周の件で、恋人から『行くなら別れる』と念を押されたＡ子だったが、その年の事件の日、Ａ子から彼に別れを告げた。そして、「私を閉じ込めようとする人でなく、旅に出ることを応援してくれる恋人を作る」と、新しい恋人を探し始めた。そんな中で出会ったＣは、指一本触れてこない、兄のように優しく誠実な人であり、Ａ子は好意を寄せた。しかし、その次の回で、面接が当日になってキャンセルになったまま、その後Ａ子から予約が入れ直されることはなかった。

Ｔｈはなぜか、準備が整ったら必ずＡ子から連絡が入ると感じ、Ａ子をじっと待っていた。そして、キャンセルから２ヶ月経った頃、Ａ子から連絡があり、面接は再開された（＃112）。キャンセルと再開の理由について、Ａ子は「用事があってキャンセルしたが、予約を入れようと思ったらクリニックが終わっていたりしてタイミングが合わなかった。深い意味は無い」と言及を避けた。そして、＃111のあと、いろいろな出来事があったと報告した。その後Ｃとは毎週末楽しくデートをしていたが、ある日、突然『君は妹みたいにしか思えない』と一方的に振られた。「自暴自棄になった」Ａ子は、それ以降、男性関係が乱れ、「お金が無くって」風俗で働いたのだという。そして、驚いたことに、ある日Ａ子が風俗店で客に呼ばれて部屋のドアを開けると、そこにＣがいた。その瞬間、Ａ子は「雷に打たれたようなショック」を受け、その日を限りに風俗を辞めてしまった。

その後、A子は、友人の紹介で、元の職業に戻り働き始めていた。中断の数ヶ月間に、A子が苦しみの中でのたうつように生きていたこと、ずいぶん荒れながらも生き延び、1人で乗り越えて面接に帰ってきたことにThは心が震えた。この中断の数ヶ月を転機にA子は、みるみる自分を取り戻し始めた。

　その後、安定した毎日の中でA子はパニックを起こすこともなく、その顔つきもしっかりとしていくように感じた。仕事もフルタイムになり、職場では頼られることも増えているようであった。そして、ついに、A子が世界一周に出発するまで1ヶ月を切った。数ヵ月後の帰国の後、A子は病変部分の手術で入院する予定があった。Thは、面接再開の目処がつかないまま中断をするのが良いか、A子の症状や社会復帰という点で一区切りついた今、いったん終結して旅に送り出したほうが良いか思いあぐねていた。そこで、A子自身の気持ちを尋ねると、A子は「次の回までによく考えたい」と答えた。そして、#115で、A子は、今後のカウンセリングについて、「いろいろ考えたけれど、ここからは1人でやってみようと思った」と思い切るように言った。Thが、〈そうか、いろんな意味で出発の時なんだね。良い航海を祈ってるよ〉と伝えると、A子の目から涙が溢れ、2年7ヶ月にわたる面接は終結した。

3　考察

(1) "奪われる" 体験と解離

　A子は、今回の事件に遭遇するまでに、複数の男性との身体的関係があった。また、#43での「これまで飲んで（性行為を）やったことくらいあった」というA子の発言から、A子が男性との性的関係に対してオープンであったことも推測される。そんなA子が性被害に遭った背景には、初対

面である加害者男性宅でA子自らが深酒をし、酩酊状態になってその男性の家に泊まるという行動があった。初対面の男性の一人暮らしの部屋で、泥酔状態で寝ることがどのような危険をもたらすかは、男性経験のある成人女性であれば推測可能であろう。それにもかかわらず、A子がこのような行動に出たことは、A子自身が意識していなくても、必然とも言える内的理由があったと思われる。すなわち、この事件をきっかけに発症したA子の症状は、いわゆる偶然遭遇したレイプ被害によるPTSDではないと考えられる。

　A子は、#4では、Bが戻って来るのが怖いと震えるほど恐れ嫌悪する一方で、Bについて話す中でけらけらと笑い、#8では、遺書を残し始めたという反面、「かっこいい」男性の話に花を咲かせた。また、身体的病変部を人に見られることを恐れて生きてきたA子が、外見を「派手」にした途端、人の目を跳ね返せるようになったというエピソードからも、A子の症状が神経症圏の解離であったことが見立てられた。本事例は、A子が、その解離がつながる体験を通して、女性性を成熟させた例だと思われるが、そのプロセスについては、ここから詳細に追っていきたい。

　A子の解離的なあり方は、A子の性への出会い方においても同様であり、身体的に容易に男性に開かれるかと思えば、同僚Bが示した性的欲望に激しい動揺を示し、ヒステリー的に傷つきを表現した。また、A子の解離性は、流行のファッションに身を包み「『可愛い』と声をかけ」られるA子を、身体病変部をもつA子自身から切り離し、また、Cが指一本触れることのできなかった清純なA子を、風俗で働くA子自身から切り離してきた。また、A子が、初対面のB宅に泥酔状態で泊まったことからも、A子の性経験と女性性の成熟のありようがアンバランスであることや、A子がこれまでの男性との出会いの中で女性性成熟の機会を逸していることは推測された。

　女性が処女性を喪失し、男性との関係の中で女性性を成熟させていく物語として、神話『アモールとプシケー』が有名であるが、プシケーの体験が真に"奪われる"ものであったのに比して、A子には既に"奪われ"喪失する処女性自体がなかった。けれども、"奪われ"る処女性の無いA子に

とって、むしろレイプであったのは、A子の身体的病変を"見られ"たことであっただろう。このことは、#1で、病変のある身体部分を見られたと泣き叫び、#21で、「これまでだって酔ってやってしまうこと何回もあった」ものの「今回しんどくなったのは、身体的病変を見られたことがだめだった」と言っていることからも推測できる。病変した身体を"見られ"たことによって、A子の変容は始まった。

(2) 性と身体

これまでの男性との性行為において病変部分を見られてきたことは、A子にとっては「私が許可しているから大丈夫」なのであり、「Bは私の許可無く見た」ことが許せないのだと言ってA子は怒りを露わにしていた。「許可無く」、すなわち、A子自身が見ることを禁じているものを"見られる"という体験は、日本の神話や昔話にも多く、『古事記』のイザナギ・イザナミやトヨタマヒメの神話をはじめ、『鶴女房』『鯉女房』『飯食わぬ女』など異類婚姻説話を想起させる。これら、物語の中の女たちは皆"見られた"ことへの羞恥と怒りに狂うが、本事例におけるA子のパニック状態は、まさにこの姿に似ている。なぜ、女たちは見ることを禁じるのだろうか。

この「見るなの禁」(河合, 2003 ; 86頁)や「見るなの禁止」(北山, 1993 ; 3頁)と言われるテーマは、既に多くの研究者たちによって議論され尽くされているが、ここで"見られる"女性は、他者に見られるまでもなく、自分に恥部や影があるということ、そしてそれがいかにおぞましいかを既に知っているということを付け加えねばならない。もし仮に、彼女らが自らの内なる影やそのおぞましさに気づいていなかったならば、見られても平然としているわけで、そこに羞恥や怒りの感情などは起きない。神話や昔話で女が見ることを禁じる恥部は、大抵、女性器であり出産であり、女性の生々しい動物的部分である。古来より、女性たちは自らの内にある性の生々しさを恥じ入ってきた。しかし、現代社会においては、それらは、セックスや立ち会い出産などで相手の男性に露呈されることも少なくない。

そして、"見られた"ことにより女性が立ち去っていく神話や昔話のストーリーとは異なり、それらが露呈されてもなお、相手との関係は継続されるのである。これらは、"見られ"た恥部を相手に受け入れられる体験であり、その体験を通じて、女性が、心理的成熟を遂げる例とも言える。すなわち、恥部や影を含めた自分というものをまるごと相手に受け入れられる体験を通して、彼女たちは、自らの内なる影を"在るもの"として受け入れるのである。この体験は、けれども、相手との間にすでに精神的関係が成立していることが前提となっている点を忘れてはならない。付き合って間もない女性の出産場面を見たら幻滅する男性も、関係が深まった夫婦だからこそ、立ち会い出産を感動的に迎えられるのである。すなわち、女性性の成熟は、むしろその秘密を"見られる"ことによって達成されるという側面がある。そして、それはとりもなおさず、内なる影を"在るもの"として収めていくプロセスにほかならない。

　内なる影や恥部の存在にすら気づいていない若い女性たちは、そのおぞましさを自覚していないからこそ、容易に男性との関係に開かれていく。しかし、簡単につながってしまったその未成熟な関係において、影の存在は両者に無視されているだけであり、受け入れ合えているのでは決してない。なぜならば、それは、男性との成熟した関係の中でのみ成立するものだからである。そして、女性性成熟のプロセスにおいて重要な役割を果たすべき性は、心が成熟する前に性的体験を知ることによって、動物的生々しさを欠き、性それ自体には意味を見出しづらくなりつつある。このような状況において、A子のように"見られる"羞恥を起こすものとしての身体の秘密が、性に代わる影を担うことは少なくない。このことは、古代ギリシャにおける聖なる売春の儀式において、その処女性の代わりに髪の毛など身体の一部を、彼女たちの女性性の象徴的譲渡として捧げられるようになったこと（Harding, 1971/1985；175頁）を連想させる。

　本事例のA子もまた、自らの身体的病変を醜いものと捉えているからこそ、普段はその部分を美しい洋服で覆い隠して生きてきた。そして、コンパで出会った男性に付き合ってほしいと言われた際にも、「彼が受け入れられるか気になる」（#43）と慎重な姿勢を見せ、その後、A子の入院中

に毎日見舞うという彼の献身ぶりを確認するまでは返事を保留にしたのである。まさにA子にとって、その身体的病変こそが恥部であり、性に代わって影を担っていた。それが実際に他者から見ておぞましいか否かに関係なく、A自身が忌み嫌うところに、その症状性がある。A子にとっては、内なる影を象徴する身体的病変部分を"見られる"体験こそがレイプであり、別の表現を借りれば、もはや性による身体的侵入が意味をもたなくなった彼女にとって、身体的病変を"見られ"たことで症状は現れたのである。けれども、Bとの事件は、その解離性を顕在化させるものではあったが、それはただ"寝た子を起こす"行為にとどまってしまい、A子はパニックという形でヒステリー的に表現するほかなかった。その数年後、A子は、そのBとの事件では到達することができなかった問いの答えを探すかのように、風俗店での仕事という第二の凌辱を、自分自身の手で無意識裏に再現したのである。

(3) 影との出会い

　女性性の成熟をテーマにした『アモールとプシケー』では、プシケーがエロースの寝姿を"見る"ことによって真実に目覚めた。プシケーが灯りの先にエロースの真の姿を"見"たとき、彼女は「高貴なものと低俗なものを持ち、しかも両者を結合させているエロースを認める」(Neumann, 1956/1973；91頁) 体験をしたのである。彼女は、彼が自分を略奪した獣であり、一方で自分の生命の光にもなっているという矛盾に対し、それらを分離することが妥当ではないことに気がついた。これは、他者の内にある光だけでなく影をも"在るもの"として受け入れていく体験にほかならない。同様に、『青髭』『マリアの子』『銀の鼻』など、女性が"見る"ことにより影の存在を"在るもの"として収める体験は、女性の自己実現にとって重要なプロセスである。一方、先出の「見るなの禁」で表されるように、"見られる"体験による女性性の成熟は、自らの内なる影との出会いとして重要な意味をもつ。

　Bとの体験は、初対面の相手に恥部を暴かれ"見られる"羞恥体験以外

の何ものでもなかったが、恋焦がれた相手であるCとの再会は、A子に「雷に打たれたようなショック」を与える強烈な体験になった。それは、風俗店のドアを開けた瞬間に、A子が風俗嬢としての自分を"見られる"と同時に、これまでプラトニックを装っていたCの、風俗を利用する獣の一面を"見"た体験でもあったからである。"見"たことにより、A子は、兄のように優しく誠実だった相手の中にもおぞましい一面があることを知った。影を完全に切り離しているCの不自然さを"見"たことにより、自らの内なる影を切り離して生きる、解離したありようの不自然さに気づいたのである。そして、A子が男性の内に光と影が存在することを心に収めることができたのは、A子自身もその姿を"見られ"たことで、自らの内にある光と影の共存に直面したところが大きい。このことは、他者の内なる影を知ることで、自らの内なる影を"在るもの"として収めていった体験だとも言えるし、逆に、自らの内なる影を知ることで、他者の内なる影を"在るもの"として収めていった体験だとも言える。A子はこの体験を通して、光と影を併せ持つ男と女が織り成すこの世界が、善と悪、美と醜、光と影という二律背反に満ちたものであり、それらは切り離されるべきではないのだということに目覚めていった。自他の影を受け入れる体験、現実社会の多面性を心に収めていく体験の中に、女性性の成熟はあると言える。幼い頃から病変部分に向けられる視線に怯え、"見られる"体験しか存在しなかったA子にとって、Bとの出会いは、再び、一方的に身体的秘密を"見られ"暴かれる体験でしかなかった。しかし、Cの姿を"見"たという体験は、A子の受動性が能動性へと主客転換した瞬間であり、これによってA子の解離が電撃的につながったのである。身体に取って代わられた、性が担うべき影との出会いが、再び、風俗という性の場によって起こったことも偶然ではないだろう。この体験は、まさに、A子が報告した、衝突事故が起きているトンネルで、炎と煙の中へ飛び込んでいく夢のイメージそのものである。河合（1999）はこのように、夢と現実が一致したり、偶然の事故が患者の治癒に役立ったりすることを「意味ある偶然」（23頁）と呼び、「影の露呈は、共時的な現象として生じるときに、意味をもつ」（河合，1976；246頁）と述べている。Cとの衝撃的な再会はまさにこの事例

に落ちた雷のごとき共時性だったと言える。

4　おわりに

　本事例のように、強烈な共時性が事例を急展開させることがある。しかし、どのような出来事も、語られなければ通り過ぎていくだけである。夢も、その中の変容のトンネルも、素通りしてしまえば、共時性すら意味をもたない。A子にとって、この夢におけるトンネルは、A子自身の変容のためのトンネルであり、それを涼しい顔で素通りして抜けるのではなく、きちんと大事故を"体験"して出て行くことが大切だった。否、その大事故という"体験"を、面接の中で語ることによって"経験"に変えて出て行ったことにこそ意味があったのかもしれない。A子がハンドルをしっかりと握る中、セラピストはただ助手席に座って、A子とともに心理療法というトンネルの中に突っ込んでいった。たとえどうすることもできなくても、心理療法という道行には、セラピストが助手席に乗っていないといけなかったのであろう。この事例は、最後にA子が世界旅行に出ることを契機に終結となったのだが、A子が矛盾に満ちたこの世界に向かって出立していくためには、この変容のトンネルの中に入ること、そしてそこでしっかり留まる体験が必要だったのである。二律背反に満ちたこの世界を生きるには、相反するものを内に収めて生きるための心理的成熟が必要であり、その成熟の場を守るのが、時に心理療法という営みなのだろう。

　　付記：本研究は、日本ユング心理学会第2回大会にて発表したものに加筆修正を加えたものです。発表の際に、ご助言を下さった指定討論者の川嵜克哲先生をはじめ、フロアから貴重なご意見を下さった先生方に深く感謝申し上げます。そして、日頃から京都大学大学院にてご指導いただいております皆藤章先生と、本事例を通して指南して下さいましたスーパーバイザーの先生、また、事例発表を快諾して下さったA子さんに心からの感謝を捧げます。

文　献

Harding, M.E.（1971）: *Woman's Mysteries: Ancient and Modern*. NewYork: G.P. Putnam's Sons.（樋口和彦・武田憲道訳（1985）：女性の神秘．創元社）
河合隼雄（1976）：影の現象学．思索社．
河合隼雄（1999）：中空構造日本の深層．中央公論社．
河合隼雄（2003）：神話と日本人の心．岩波書店．
北山修（1993）：見るなの禁止．岩崎学術出版社．
Neumann, E.（1956）: *Amor and Psyche: The Psychic Development of the Feminine: A Commentary on the Tale by Apuleius*. London: Routledge and Kegan Paul.（河合隼雄監修　玉谷直實・井上博嗣訳（1973）：アモールとプシケー――女性の自己実現．紀伊國屋書店）

● 要約

　本研究は、身体や女性性における解離の解消過程について検討したものである。クライエントは性被害を契機に来談したが、彼女の問題は、事件によるPTSDというよりもむしろ解離症状であった。彼女は男性を一面的に捉え、また、自分自身もその美しい外見から醜い身体病変部を切り離して、一面的に生きようとしていた。簡単に男性と身体関係をもつ彼女にとって、性それ自体はもはや女性性の成熟に特別な意味をもたなかったが、性被害によりその身体病変を"見られ"たことが身体への侵入体験となった。そして、解離は、プラトニックなはずの恋人に、清純なはずの彼女が風俗嬢として働く風俗店で出くわした体験によって、電撃的に統合された。それは、男性の中にある二律背反性を"見る"ことと、彼女自身の影を"見られる"ことが同時に起こった体験であった。同時に、自分たちの中にある光と影を分離させるべきではないことを知り、彼女の女性性は成熟を遂げたと思われる。

　キーワード：解離、女性性の発達、"見る"ことと"見られる"こと

A Solution Process of Dissociation in the Body and the Femininity Occurred by a Sex Crime: Considering from the "Seeing" and "Being Seen" Experience

SAKATA, Maho

Graduate School of Education, Kyoto University

　This study examined the solution process of dissociation in the body and the femininity. The problem of the client was the dissociation symptom rather than the PTSD, though the counseling sessions started because of her sex crime damage.

She realized men with only one-sided view, and she also tried to live in one-sided herself by separating her ugly pathological change from her beautiful appearance. For the client who had physical relationship easily, "Being seen" her pathological change was the invasion to her body, though sex itself did not have the special meaning for her femininity anymore. Then, her splitting was integrated electrifyingly by the experience that she who pretended to be pure encountered her platonic boyfriend in the brothel where she worked as a prostitute. It is the experience that "Seeing" antinomy in the men and "Being seen" her shadow happened to meet at the same time. At the same time, her femininity was developed by knowing that the light and shadow in us should not be separated.

Key Words: dissociation, femininity development, "Seeing" and "Being seen"

文献案内

海外文献

佐藤由里子
ユング派分析家

　アメリカのユング派分析家、ドナルド・カルシェッド（D. Kalsched）の"*The Inner World of Trauma*"（Routledge, 1996）（豊田園子監訳『トラウマの内なる世界』新曜社、2005）は、ユング派分析家になるトレーニングを受ける学生やユング派臨床家の間ではほぼ必読の書となっている。その彼が17年を経て、再びトラウマについての本を出版した。本稿では彼のその第2作目となる"*Trauma and the Soul*（トラウマと魂）"（Routledge, 2013）を紹介したい。副題に「人間の成長とその中断への心理学的霊的（psycho-spiritual）アプローチ」とあるように、前作同様にトラウマとその防衛システムを扱ってはいるが、本書では心のスピリチュアルな側面に重点が置かれており、この視点なくしてはトラウマを本当に理解することはできないという彼の強い確信が本書全体を貫いている。

　本書は先の著書出版以降に彼がさまざまな雑誌に発表した文献の内容をいくつか盛り込んではいるが、独立した概念のバラバラな寄せ集めの章立てではなく、まずイントロダクションに本書全体の基調、起点となる重要な視点が提示され、第1章から最後の第9章まで繰り返しその起点と各章の内容が結びつけられるので、読者は絵画、文学、詩などを通してのイメージ、実際の症例からのたくさんの物語、最新の神経科学の知見、そして精神分析の新旧さまざまな理論と多岐にわたる内容に次々と接しながらも、俯瞰的視点を失うことなく彼の語らんとするトラウマの心の世界への理解を深めることができる構成になっている。

　イントロダクションには全体の骨格とも言える主題が2つある。1つは、

無意識は神話的詩的な（mytho-poetic）表現で意識に立ち現れるということである。エレンベルガー（H.F. Ellenberger）はこの無意識の基本的傾向を表現するためにこの用語を用いた。夢はまさにこの無意識の神話的詩的な性質の意識への現れである。個人の人生において神話的詩的な物語が生まれ展開し、それは魂が宿るための大切な基盤（matrix）を提供することになる。

　この基盤が2つ目の主題である。この基盤はスピリチュアルな世界と物質世界の2つの世界の間の領域を意味する。あるエスキモーがクジラの骨に彫った「語り部（The Storyteller）」と題された平らな顔の彫刻の写真が提示されている。片目は閉じられ、夢や神話的詩的想像といったイメージの内的世界に焦点を合わせ、もう片方の目は見開いて、人間関係の現実も含めた物質的な外界世界へと向けられている。この印象的なマスクは、トラウマという人間の物語を真に理解するためには、同時に1つの視野の中に入れておかなければならない2つの世界というものを見事に表現していると著者は捉える。われわれは日々、この外へと見開かれた目を通して見る世界に相当親しんでいる。それは知覚できる物質世界であり、他者と関係し生きる世界であり、人生日々のさまざまな必要に駆り立てられながらすったもんだする普通の世界のことである。これに対して、内側へと開かれた目を通して見る世界というものはそれほど馴染みがなく、不可視の世界であり、それでいてもう1つの世界と比べて劣らぬほど現実味があり、ずっと神秘的で、それゆえに現代人にとっては不安にさせられる世界でもある。本来、魂はこの2つの「世界の間」である基盤に宿るものなのだが、トラウマによってこの中間領域は早期に閉じられてしまう。内的世界は人生早期のトラウマによって増強される。幼少期のトラウマを切り抜けてきた人たちがよく報告するのは、彼らの本質的な部分はスピリチュアルな世界へと隠遁し、そこに保護を見出し、外界の人間からは受けることのできない支えを受けたということである。彼らの多くは、何か特別な才能や感受性、動物や自然との親密で神秘的な結びつきや、癒しの能力といったものを持っていることがある。

　著者はトラウマの問題を取り扱うにあたって、この双眼的な見方

("binocular" view)の大切さを繰り返し強調している。昨今の精神分析におけるトラウマの新しいパラダイムがどんどんと外界へと開かれた目で見える世界の方に傾き、対象関係論や愛着理論に力点が置かれていることに警告を発している。興味深いのは、サイコセラピーにおいて実際に変化をもたらすものは何なのかということについて情動の重要性が最近の神経科学で再認識されてきていることである。そこで著者が強調するのは、神経科学が真にトラウマの治療に貢献するためには、サイコセラピーの中で起こっているどの自己−対象関係的瞬間においても、1つの内的出来事が起こっているということに目を向けるべきだということである。それは脳内で何が起こっているかという意味でなく、魂を形作る上での内的出来事ということである。

　彼は、先の著書で提唱したトラウマとセルフケア(防衛)システムについてもう一度触れている。養育者に虐待や暴力または深刻なネグレクトを受けた子どもは、堪え難い生の情動に直接さらされ圧倒される。この心身への衝撃は、その子どもを粉々に打ち砕き、後に活き活きと感じたり、「現実と感じる(feeling real)」体験をするのに欠かせない生命力に満ちた輝きというものを消してしまう脅威にさらす。幸いなことにほとんどの場合、完全に打ち砕かれてしまうことはない。しかし、少なくともここに解離と呼ばれる生き残りのための分離が起こってしまう。この自己の解離は子どもの純粋で活き活きとした部分を人格の残りの部分から切り離して、未来に再び成長する可能性として無意識の中に隔離保存することで命をつなぎ止める役割がある。彼らはともかく生きてはいくだろうが、それは魂の宿った命にある活気や生命力を喪失するという痛い代価を伴っている。著者は患者たちの夢の中に、元型的な二つ組の構造を見出し、セルフケアシステムと名づけた。それは、心の生命の核を保存するという保護的な側面がありながら、サイコセラピーが進み希望の光、変容の兆しが見え始めたような大切な瞬間に、悪魔的、破壊的な像として夢の中に現れて患者のまだ脆弱な自己を攻撃し始め、治療に抵抗するという相反する側面を持っている。トラウマが癒されるためにはこの隔離保存されていた自己の核がその隔離からもう自由になってもよい時が来つつあるのだが、そのような

兆しはセルフケアシステムにとっては守ってきたものを奪回されそうな脅威となる。そこでこの防衛システムとしては「外に出ては危ない、また過去にあったトラウマが繰り返されるぞ」と、今度は健康になりかかっている自己を内側から逆に脅かし始めるということになる。セルフケアシステムのこの保護と攻撃という2つの側面は、本書の表紙にあるウィリアム・ブレイク（W. Blake）の善なる天使と悪なる天使が子どもの所有をめぐって争っている絵に象徴的に現れている。

　本書には朗報が記されている。17年前の著作では、患者の希望を損ない、治療抵抗性の反復強迫（フロイト）に患者を追い込むこのシステムの否定的で悪魔的な力の前に、著者は、セルフケアシステムは教育できない（uneducable）と示唆していたのだが、本書ではもうそのような悲観的な見方はしないと言い切っている。自らのさらなる臨床経験と最近のさまざまな理論や技法に親しんだことで、彼のトラウマ患者とのサイコセラピーはより情動に重点を置き、身体を含んだものとなり、より関係性を持てるようになり効果が上がったという。これらの理論や技法は具体的に文献として挙げられている。打ち負かすことができないかのように見えたセルフケアシステムの抵抗がいかに変容し得るか、この防衛システムがいかにその捕らわれの囚人であるインナーチャイルドを解放するかということは、本書ではさまざまな実際の患者の物語として語られている。

　以下、全体の構成を手短に紹介する。

　第1章「トラウマと、ヌミノースなものとの救いの出会い」。脆弱な自己の核（本書では魂とも表現している）を隔離するために、セルフケアシステムはユングが普遍的無意識と呼んだ層からの非常に強力な力を利用する。これらの力はしばしば霊的またはヌミノースなものとして体験される。時に彼らは、「声」や「存在」のような、ヌミノースのポジティブな面との救いの出会いの体験を持つ。この章では防衛システムの保護的な側面について述べている。

　第2章「魂の子どもの喪失と回復」。この章ではインナーチャイルドがしばしば、純粋さや神聖なものとして体験されるところの情動的自己の核であるということがさまざまな症例の物語を通して示される。

第3章「解離と防衛システムの暗黒の側面」。この章には副題があり、「地獄編におけるダンテの"ディス（Dis）"との出会い」とある。ディスというのは堕天使ルシファーであり、暗黒面に落ちたサタンである。ダンテのイメージによると、それは3つの頭を持ち、3人の罪人を一度に嚙み砕き飲み込む恐ろしい怪物である。この名前はその性質を表す多くの意味を含んでいる。この怪物はバラバラに崩壊する（dis-integrating）「あの世」のエネルギーであり、dis という接頭辞のつく解離（dissociation）、障害（disorder）、分離（disconnection）、災害（disaster）などと並べるとディスのイメージが膨らむことになる。これは防衛システムのネガティブな側面を象徴する。また別の見方では、母親に媒介されることなく直接生の情動にさらされるとしたら赤ん坊が耐えることのできないであろう痛みや不安を、ディスはイメージから情動を、心から体を、体験から無知を切り離すことで赤ん坊がそれを体験しないように守っているとも言える。このディスのイメージも後に出てくるさまざまな症例に重ねて本書に繰り返される。

　第4章「トラウマ、変容、そして超越」。この章は、マイクと呼ばれる患者との6年にわたる分析のプロセスの中で、ディスで表現される暴力的な力がどのようにより慈悲的で人間的なものに変容していったかということが、開いた目と閉じた目の双眼の見地から語られている。そしてセルフがいかに彼の魂の中で生まれていったか、その体験を通して彼が至った人間と神の間にある意味深い体験のプロセスが詳細に書かれている。

　第5章「全体性と全体性に抗する防衛」。ここまで防衛システムの解離を見てきたわけだが、この解釈が正しいとすると、無意識には反-全体性、反-統合を志向する機能があることになる。しかし心にはこれとは反対に、等しく、もしくはさらに強力な傾向として統合性、全体性へと向かう傾向も存在する。ユングによれば、この全体性への希求はわれわれの心に備わった本能である。ユング自身、夢を通してこの全体性を回復して真に理解したことであるが、心の全体性とは、各部分の寄せ集めの総合でなく、それ以上のものを意味する。彼はこの「それ以上のもの」がまさに無意識の混沌そのものの中にあることをはっきりと認識した。それは意識が捉えるものを越えてさらに的確に彼を見つめる理法のようなもの、明確な中心で

あった。この心の中の客観的な「知る者」を彼はセルフと呼んだ。太古の昔より世界の全体性についての一般的な教えや考え方が存在したが、現代のわれわれの文明はそのスピリチュアルな背景を失い、人々はもうそれを理解しなくなってしまった。ユングはすべての人間に宗教的本能が備わっており、それは他の本能と同様に強力で重要なものであると主張した。食欲や性欲が食や性なしには満たされないように、スピリチュアリティの充足、心の全体性を希求する本能はその対象を与えられなければ、この世俗的物質世界でしまい込まれてしまうことになる。トラウマの体験には心の解離、全体性の崩壊があるだけに、その癒しには心の全体性の回復が不可欠であることがこの章に示されている。

第6章「内的世界に対する精神分析的アプローチ」。この章には著者の膨大で緻密な理論の検証が記されている。彼の豊かで深い臨床経験がこれら理論の理解を深め、理論の理解が実際に向き合う患者との間の経験を深めるのだということが伝わってくる。

第7章「純粋さ、その喪失と回復」。この章では、心の「純粋さ（innocence）」について、サン＝テグジュペリの『星の王子さま』を題材に考察している。純粋さ、というのは魂の本質であり、第2章でそれが子どものイメージで現れることは既に述べられているが、それこそがトラウマではセルフケア防衛システムが心の他の部分から隔離し守ろうとするところのものである。大筋を説明すると、王子さまがそれに当たり、その王子さまは他の人間はいない彼だけの小さな星に住んでいるという形でその隔離が示される。しかし、それは問題のない永遠に留まれるところではない。バオバブの繁殖という脅威が迫り、王子さまはそれを食べてくれる羊を探しに星を出て地球に、人間の世界にやってくることになる。それに対し、砂漠に墜落した飛行士は、子どもに象徴される心の純粋さ、魂を失ってしまった大人である。隔離されていた心の純粋な核である魂はいったん地上に降りてこなければならず（grow-down）、そして魂を失った片割れは魂と出会い、もう一度魂を取り戻す（grow-up）という過程としてこの物語が読み解かれている。魂を取り戻す作業には深い喪の作業が伴っていることが最後、王子さまと飛行士の別れに印象深く表されている。

第8章「ユングの引き裂かれた自己」。この章には「世界の間に住むことを学ぶ」という副題がついている。ユング自身がトラウマを生き抜き、そこから回復した1人の人間であることがそれまでの章の内容と関連させて述べられている。著者はウィニコット（D.W. Winnicott）の多大なる業績を認めながらも、ウィニコットがユングを「小児精神病の回復者」と診断し分析したことに真っ向から立ち向かい、詳細な検証を重ねてウィニコットを論破している。ウィニコットはユングの人生の分析、解釈に関しては双眼でなく、開いた方の目だけで見ており、スピリチュアリティの現実を見落とした還元主義に陥っているという。

　第9章「切断（dis-memberment）と思い出すこと／修復（re-memberment）」。英語の接頭辞を効果的に使用した著者自身の造語の入ったこの章は、グリム童話「手無し娘」と、ある症例を重ね合わせて、トラウマとそのセルフケア防衛システムのメカニズム、そしてその回復の過程を記している。これまでに見てきたように、スピリチュアリティの世界も視野に入れることが、トラウマを生き抜く過程で起こる切断、そして切断されたものと再びつながることの意味を理解する上でいかに欠かせないものであるかということが描かれている。そしてこの章ではイントロダクションで触れられた、情動と身体というものがトラウマの治療、癒しにどれほど重要であるかということも具体的に記されている。

　以上が本書の短い紹介である。彼の臨床家としての経験に裏打ちされたトラウマ理解の深さ、そして何より患者の魂と向き合える彼の資質、人間性というものに感服する。本書が取り扱っている魂の本質が、頭だけでなく情動に語りかけるものであるだけに、この本は足早に読み進むことが難しい。特に悲惨なトラウマに満ちた人生やその感動的な回復の物語のところでは、しばし本を伏せて立ち止まり、揺さぶられた情動が少し落ち着いてからまた先を読み進むというようなことも多い。しかしそれこそ本書がこの描写することが難しい魂の本質を読者に伝えることに成功している証であると思える。

『ユング心理学研究』投稿規定　　　　　　　　　　　　　　　（2012. 09. 改定）

本誌に分析心理学に関する研究論文の投稿を希望される方は，以下の投稿規定にしたがって投稿して下さい。

Ⅰ　投稿資格
1. 論文の投稿資格は，日本ユング心理学会正会員に限る。ただし，編集委員会からの依頼論文については，この限りではない。

Ⅱ　論文の内容と文字数
2. 本誌は，ユング心理学に関する学術論文を掲載するものとする。内容的には，臨床心理学・精神医学の領域に限らず，文化人類学・民俗学・宗教学・哲学・芸術等の領域を含めた広く学際的なものも受け入れる。論文の内容は未公刊のものに限り，分量は16,000字（40字×40行×10枚）を限度とする。
ただし，依頼論文の場合はこの限りではない。
なお，図表類はその大きさを本文に換算して，字数に算入すること。

Ⅲ　原稿作成に関する一般的注意
3. 原稿はA4用紙を用い，1ページあたり40字×40行（1,600字）とすること。
4. 原稿は，ワープロを用いて作成することが望ましい。
5. 原稿は横書きで，原則として常用漢字・新かなづかいを用い，数字は算用数字を用いること。外国語はすべてワープロ（タイプ）で打つこと。
6. Th., Cl., SCなどの略語は原則として使用しないこと。ただし，記述が煩瑣になることを避けるために用いる場合等には，初出の際にその略語の意味を明示した上で，使用すること。

Ⅳ　プライバシーへの配慮
7. 臨床事例を用い，クライエントに関する情報を記載する必要が生じる場合には，記載する情報は最小限度とし，プライバシーに十分配慮すること。

Ⅴ　外国語の表記
8. 外国の人名，地名等の固有名詞は，原則として原語を用いる。その他の外国語はなるべく訳語を用いること。外国語を用いる場合は，初出の際訳語に引き続いて（）をつけ示すものとする。

Ⅵ　図表
9. 図や表は，図1，表1など順序をつけ，それぞれに題と内容を原則として和文で記載すること。

Ⅶ　引用
10. 本文中に文献を引用した場合は，引用した箇所を「」などでくくり明示すると同時に，著者名と公刊年，頁数を記載すること。
    a）本文中に，著者名を記載する場合
    　　河合（1995）は，「○○○」（○頁）と述べている。
    b）引用の終わりに，著者を示す場合。
    　　「○○○」（河合，1995；○頁）。
    c）訳本の場合には，原典の発行年と訳本の発行年を，"/"で併記する。
    　　本文中記載：Jung（1935/1987）引用末記載：（Jung, 1935/1987）
    d）著者が複数いる場合には，筆頭者のみを挙げ，和文献であれば"ら"，洋文献であれば"et al"を用いる。

Ⅷ 引用文献

11. 引用文献は，引用箇所の末尾に頁数を明記し，かつ本文の終わりに「文献」の見出しで，著者の姓を規準にしてアルファベット順に一括して記載すること。

 a）雑誌の場合：著者名，公刊年（西暦），論題，誌名，巻（ゴチック），号，記載頁の順序による。なお，雑誌名の記載に際しては，和・欧いずれの場合でも，略語は用いない。

  邦文例）横山博（1995）：ユング派の心理療法における転移／逆転移．精神療法，21(3)，234-244，金剛出版

  洋文例）Giegerich, W. (1999): The "Patriarchal Neglect of the Feminine Principle": A Psychological Fallacy in Jungian Theory, *Harvest 45*, 7-30.

 b）単行本の場合：著者名，発行年度（西暦），書名，発行所，引用頁の順序とする。ただし編者と担当執筆者の異なる単行本の場合は，該当執筆者を筆頭に挙げ，以下，発行年度，論題，編者名，書名，発行所，頁の順とする。

  邦文例）赤坂憲雄（1985）：異人論序説．砂子屋書房．

  洋文例）Hillman, J. (1975): *Re-Visioning Psychology*. Harper & Row.
     Bosnak, R. (1997): *Christopher's Dreams*. Bantam Dell Pub Group. （岸本寛史訳（2003）：クリストファーの夢．創元社）

 c）上記とは別に，ユング全集（ドイツ語版，英語版）からの引用については，引用箇所の末尾に，頁数ではなく，パラグラフ数を明記すること。(Jung, GW7, par. 28 あるいは Jung, GW7, §28)

Ⅸ 英文要約

12. 研究論文については，上記のほかに100～175語以内の英文要約と，3つのキー・ワードを添えて投稿すること。これらの投稿要領は次による。

 a）英文要約（ABSTRACT）として，英語の論題と氏名・所属につづけて，要約を記述すること。

 b）Key Words として，3種の英語をアブストラクト本文の2行下段に記載すること。

 c）英文要約の邦文訳（400字以上450字以下），および邦語のキー・ワードをA4用紙1枚に記載して添えること。

 d）英文は英語の専門家の校閲を経ていること。

Ⅹ 特別な費用が必要な場合

13. 論文の掲載に際して，印刷上特別の費用を要する事情が生じた場合は，当該投稿者が負担するものとする。

Ⅺ 投稿原稿の提出

14. 投稿原稿は，投稿原稿（正）とは別に，そのコピー2部（副），計3通をとりそろえ下記宛に提出すること。コピーにおいては，氏名，所属，謝辞などを削除する。郵送の場合は必ず簡易書留によること。

 日本ユング心理学会 編集委員会
  〒541-0047 大阪市中央区淡路町4-3-6　株式会社 創元社内

『ユング心理学研究』バックナンバー
第1巻、第2巻のご購入については、下記までお問い合わせください。
一般社団法人日本ユング派分析家協会（AJAJ）事務局
E-mail: infoajaj@circus.ocn.ne.jp　　Fax: 075-253-6560

第1巻特別号……日本における分析心理学（2009年3月）

- まえがき　　　　　　　　　　　　　　　　　　　　　　　　　　　　　川戸　圓
- 開会の辞　　　　　　　　　　　　　　　　　　　　　　　　　　　　　樋口和彦

第Ⅰ部　基調講演　　　　　　　　　　　　　　　　　司会・通訳：河合俊雄
- 笑いと沈黙（Laughter and Silence）　　　　　　　　講師：ジェームズ・ヒルマン

第Ⅱ部　シンポジウム〈日本文化と分析心理学〉　　　　　　　司会：川戸　圓
- 『風土記』から『遠野物語』へ——河合隼雄の昔話論の導きのもとに　　赤坂憲雄
- 河合中空構造論と、権力と脱権力のあわい——トリックスター知の再考　鎌田東二
- 討論：赤坂憲雄 vs. 鎌田東二

第Ⅲ部　シンポジウム〈日本における分析心理学と精神分析学〉　司会：伊藤良子
- 日本における精神分析学——劇的な精神分析　　　　　　　　　　　　　北山　修
- 日本における分析心理学——日本人の意識の多層性、多様性、解離性　河合俊雄
- 討論：北山　修 vs. 河合俊雄　　　　　　指定討論者：伊藤良子、武野俊弥

- 閉会の辞　　　　　　　　　　　　　　　　　　　　　　　　　　　　　横山　博
- あとがき　　　　　　　　　　　　　　　　　　　　　　　　　　　　　河合俊雄

第2巻……ユングと曼荼羅（2010年3月）

シンポジウム
- 基調講演「ユングと曼荼羅」　　　　　　　　　　　　　　　　　　　　中沢新一
- 討論——基調講演を受けて　　　　　　　　指定討論者：河合俊雄・川戸　圓

論　文
特別寄稿
- 深層心理学から見た華厳経（HUA YEN CHING）
　〔大方広佛華厳経（Buddhavatamsakanama-Maha-Vaipulya-Sutra）〕の宇宙　　山中康裕

研究論文
- 「見えないもの」への名付けとしての〈異人〉——柳田国男の『遠野物語』を手掛かりに
　　　　　　　　　　　　　　　　　　　　　　　　　　　　　　　　　竹中菜苗
- 諏訪大社ミシャグジ儀礼に関する分析心理学的考察——上社大祝即位儀礼について
　　　　　　　　　　　　　　　　　　　　　　　　　　　　　　　　　吉川眞理
- 動きつづける〈わたし〉と"賢者の石"の生成プロセス
　　——注意欠陥多動性障害の男子との箱庭療法　　　　　　　　　　　田熊友紀子

第3巻……魂と暴力（2011年3月）

シンポジウム
- 基調講演「暴力の由来」　　　　　　　　　　　　　　　　　　　山極寿一
- 討論──基調講演を受けて　　　　　　　指定討論者：河合俊雄・宮野素子

論 文
研究論文
- 個性化と多元的宇宙──ジェイムズ思想によるユング心理学再考　　小木曽由佳
- 幻獣のアクティブ・イマジネーション　　　　　　　　　　　　　中島達弘
- 出会いと別れの接点──末期がん患者との面接過程　　　　　　　西牧万佐子
- 軽度発達障害における『イメージと言葉の乖離』について　　　　渡辺あさよ

大会印象記

第4巻……昔話と日本社会（2012年3月）

シンポジウム
- 基調講演「河合隼雄の『昔話と日本人の心』を読む」　　　　　　大澤真幸
- 討論──基調講演を受けて　　　　　　　指定討論者：河合俊雄・川戸　圓

追悼文
- ジェームス・ヒルマン博士の最後の日々を共にして　　　　　　　樋口和彦

講演録
- エラノスと分析心理学──河合隼雄にも触れつつ写真で歴史を振り返る

　　　　　　　　　　　　　　　　　　　　　　　　　　ポール・クーグラー

論 文
研究論文
- ユング『赤の書』と『タイプ論』　　　　　　　　　　　　　　　小木曽由佳
- 主体の成立と他者の出現
　　──児童期にアスペルガー障害と診断された14歳男子との面接経過　橋本尚子
- 諏訪大社ミシャグジ儀礼に関する分析心理学的考察　その2
　　──上社豊穣儀礼における犠牲について　　　　　　　　　　　吉川眞理

第5巻……心の古層と身体（2013年3月）

シンポジウム
- ●基調講演「心の古層と能」　　　　　　　　　　　　　　　　　　　内田　樹
- ●討論──基調講演を受けて　　　　　　　指定討論者：鎌田東二・川戸　圓

講演録
- ●ユングの『赤の書』の背景と可能性　　　　　　　　　　ソヌ・シャムダサーニ

論　文
研究論文
- ●解離にみるリアリティとの邂逅──20代女性との面接過程　　　　　長野真奈
- ●夢と描画表現にみる「母性」の傷つきと癒し　　　　　　　　　　井上靖子
- ●女子大学生の夢に見られた dismembered body image について　　　斎藤清二

印象記
文献案内

第6巻……河合隼雄の事例を読む（2014年3月）

シンポジウム
- ●河合隼雄の事例を読む　　　　　　　　　　　　　　事例報告者：川戸　圓
- ●討論──事例報告を受けて　　　　　　　指定討論者：角野善宏・猪股　剛

特別寄稿
- ●臨床家・河合隼雄の変容　　　　　　　　　　　　　　　　　　　大場　登
- ●河合隼雄の臨床──コンステレーションを中心に　　　　　　　　皆藤　章
- ●医学と河合心理学を結ぶ　　　　　　　　　　　　　　　　　　　斎藤清二

追悼文
- ●生と死のはざまでイメージと遊んだ「達人」──樋口和彦先生を偲ぶ　　名取琢自
- ●追悼・樋口和彦先生　　　　　　　　　　　　　　　　　　　　　河合俊雄

論　文
研究論文
- ●日本人の宗教性──日本人の宗教性とカウンセリングの関わりについて　　加藤廣隆
- ●ユング心理学と個別性（eachness）の世界──『赤の書』から錬金術研究へ　　小木曽由佳

印象記
文献案内

日本ユング心理学会編集委員会
委員長：豊田園子
委　　員：猪股剛・岩宮恵子・皆藤章・河合俊雄・岸本寛史・
　　　　　北口雄一・桑原知子・田中康裕・山口素子

ユング心理学研究　第7巻　第1号
ユング派の精神療法
2014年6月10日　第1版第1刷発行

編　者……………………………………………………………
　　　　　　　　　日本ユング心理学会
発行者……………………………………………………………
　　　　　　　　　矢　部　敬　一
発行所……………………………………………………………
　　　　　　　　株式会社 創　元　社
　　　　　　　　　http://www.sogensha.co.jp/
　　　　本社　〒541-0047 大阪市中央区淡路町4-3-6
　　　　　　　　Tel.06-6231-9010 Fax.06-6233-3111
　　　　東京支店　〒162-0825 東京都新宿区神楽坂4-3 煉瓦塔ビル
　　　　　　　　　　　　　　　Tel.03-3269-1051
印刷所……………………………………………………………
　　　　　　　　株式会社 太洋社

©2014, Printed in Japan
ISBN978-4-422-11496-5 C3311

〈検印廃止〉
落丁・乱丁のときはお取り替えいたします。

JCOPY 〈㈳出版者著作権管理機構 委託出版物〉
本書の無断複写は著作権法上での例外を除き禁じられています。
複写される場合は、そのつど事前に、㈳出版者著作権管理機構
（電話03-3513-6969、FAX 03-3513-6979、e-mail: info@jcopy.or.jp）
の許諾を得てください。

赤の書
THE RED BOOK
LIBER NOVUS

半世紀余の封印を経て、ついに解き放たれた幻の書。
ユング自身が体験した強烈なヴィジョン、
ユング思想の萌芽のすべてがここにある。

C・G・ユング［著］
ソヌ・シャムダサーニ［編］
河合俊雄［監訳］
田中康裕・高月玲子・猪股 剛［訳］

A3判変型・上製・456頁
特製化粧函入・特別仕様豪華本
定価（本体40,000円＋税）